Inhalt

W0245239

Ein »Schattendasein«

Meist unbeachtet in der Natur lebt eine ganze Gruppe von Tieren, die allgemein Molche oder Salamander genannt wird. Die wissenschaftliche Systematik bezeichnet sie als Schwanzlurche. Molch und Salamander sind Beinamen, die ganz unterschiedlichen Familien und Gattungen der Schwanzlurche gegeben werden. Die Ansicht, daß Molche immer im Wasser leben und Salamander auf dem Land, trifft z. B. bereits auf unseren häufig gefangenen und gehaltenen einheimischen Teichmolch nicht zu. Diese Molchart lebt zur Fortpflanzungszeit im Wasser und verbringt den Rest des Jahres auf dem Land. Auch eine Unterscheidung von Molchen und Salamandern nach ihrem Körperbau ist nur bedingt möglich. So bestehen z. B. in der Familie der Echten Salamander zwischen den einzelnen Arten bedeutende Unterschiede in der äußeren Gestalt. Der wohl bekannteste Salamander, der Feuersalamander, hat einen gedrungenen, plumpen Körperbau. Flink, behend und ausgesprochen schlank ist dagegen der Kaukasus-Salamander mit seinem relativ langen Schwanz und den feingliedrigen Extremitäten.

Die Ursachen für das »Schattendasein« der Molche und Salamander liegen im wesentlichen in ihrer versteckten Lebensweise begründet. Schwanzlurche leben auf dem Land unter Steinen und Rinden, in Höhlen, unter Moosen und Pflanzenteilen. Die Wohngewässer der wasserlebenden Arten sind für uns Menschen oft auch nicht besonders attraktiv. Wir finden die Tiere in Tümpeln und Teichen, in Weihern und Mäandern, in Höhlengewässern und Bächen. Große Seen und Flußläufe werden meist gemieden. Aus dieser Aufzählung der Lebensräume kann man schon ersehen, daß Schwanzlurche ein kühles, feuchtes und nicht so sehr von direktem Sonnenlicht beherrschtes Mikroklima bevorzugen. Nur gelegentlich findet man in der freien Natur in strahlendem Sonnenschein einen Molch. Im Harz kann man z. B. nach einem Regenguß unter Umständen sehr viele Feuersalamander beobachten, die ihre Verstecke verließen, um auf Nahrungssuche zu gehen bzw. um sich vor dem ansteigenden Wasser in Sicherheit zu bringen. Dabei hat man die Möglichkeit, diesen Salamander ganz aus der Nähe zu betrachten. Manche Menschen haben jedoch eine regelrechte Abscheu vor

Lurchen. Bei Berührung sondern die meisten Lurcharten Schleim ab, der unangenehm riecht, die Tiere fassen sich kühl und feucht bzw. glitschig an. Einige Arten haben eine warzige Haut. Nur wenige Arten sind farblich so attraktiv wie der Feuersalamander. Aufgrund seiner schwarz-gelben Fleckung wurden ihm einst magische Kräfte zugeschrieben. Unwissenheit und Aberglaube hatten eine tiefe Abneigung gegen dieses Tier bewirkt. Man glaubte im Mittelalter, durch Feuersalamander Feuersbrünste abwenden zu können. Viele Tiere fanden so einen grausamen Flammentod. Ganz absurd erscheint nun wohl die Tatsache, daß Lurche auch als Delikatesse auf dem Speiseplan mancher Völker stehen. Es wird berichtet, daß in Mexiko der Axolotl, ein Vertreter der Querzahnsalamander, regelmäßig auf den Märkten angeboten wird. Er soll zubereitet aalartig schmecken. In Europa war der Axolotl bereits im 19. Jahrhundert ein wichtiges Forschungs- und Versuchsobjekt.

Erst in jüngster Zeit konnte durch Untersuchungen zum Nahrungsspektrum der Molche und Salamander ihre große Bedeutung im intakten Ökosystem nachgewiesen werden. Die wasserlebenden Arten bzw. die Larven der Schwanzlurche, die ihre Entwicklung im Wasser durchmachen, vertilgen z. B. große Mengen von Mückenlarven. Die landlebenden Tiere ernähren sich vorwiegend von Gliedertieren, Nacktschnecken und Würmern. Dadurch wird das natürliche Gleichgewicht in den verschiedenen Biotopen mit aufrechterhalten.

In den letzten Jahren wurden verstärkt Anstrengungen unternommen, auch die Schwanzlurche durch nationale und internationale Gesetze und Konventionen zu schützen. Dazu ist es vor allem notwendig, in den einzelnen Ländern den Arten- und Umweltschutz zu mobilisieren, Rückzugs- und Schutzgebiete zu schaffen und die Tiere auch bei Rekultivierungsmaßnahmen mit einzubeziehen. Dies setzt eine genaue Kenntnis der Lebensweise, der Biologie und des Verhaltens der Schwanzlurche und die Weitergabe bzw. den Austausch gewonnener Ergebnisse voraus.

Die Drachen der Urzeit

Die Entstehung der Wirbeltiere auf unserer Erde reicht weit in das Erdaltertum zurück. Bereits im Silur, also vor 400 bis 450 Millionen Jahren, lebten in Gewässern und Tümpeln die Vorfahren unserer Fische. Etwa 50 Millionen Jahre später, im Devon, begann die Entwicklung der Landwirbeltiere. Aus dem Crossopterygier-Stamm entwickelten sich unter dem Druck der Umwelt neue Lebensformen, die »Urlurche«, denen es möglich war, teilweise oder ganz auf dem Land zu leben. Doch ihre Bindung an das Wasser ging nie ganz verloren. Die Körperformen der Ichthyostegidae waren denen der heute noch lebenden Molche recht ähnlich. Das Kopfskelett war mit kräftigen Knochenplatten gepanzert, das Maul mit kegelförmigen Zähnen besetzt. Im Karbon, vor 350 Millionen Jahren, hatten sich zwei große Gruppen von lurchähnlichen, amphibisch lebenden Tieren entwickelt. Die Urodelomorpha brachten unter anderem Formen hervor, aus denen sich etwa zu Beginn der Kreidezeit, vor 125 Millionen Jahren, die gegenwärtig lebenden (rezenten) Molche, Salamander und Olme entwickelten. Die Froschlurche leiten sich von den Batrachomorpha, der zweiten Gruppe amphibisch lebender Karbon-Vertreter, ab. Ihre Spezialisierung begann im Trias, vor rund 200 Millionen Jahren. Die im Jura lebenden Frösche und Kröten waren bereits den rezenten Formen vergleichbar.

Unsere Schwanzlurche sind also entwicklungsgeschichtlich noch recht jung, wenn wir an die Ausbildung der heutigen Formen denken. Ihre Vorfahren finden wir am Anfang der Entwicklung unserer Landwirbeltiere. Sie haben den Übergang vom Wasser- zum Landleben geschafft und neue Lebensstrategien entwickelt. Interessant ist nun die Tatsache, daß wir im Zimmerterrarium alle diese Entwicklungsstadien studieren können. Die Gruppe der Schwanzlurche, die systematische Zoologie nennt sie die Ordnung der Caudata oder Urodela innerhalb der Klasse der Amphibien, umfaßt sowohl wasserlebende als auch relativ wasserunabhängige Formen. Der Tierfreund wird sehr viele ökologische und verhaltensbiologische Beobachtungen machen können, die einen interessanten Einblick in das Leben der Tiere bringen und das Verständnis für diese Tier-

Dr. nat. habil. Wolf-Rüdiger Große

Molche und Salamander

**Urania Ratgeber
Terrarium**

**Urania-Verlag
Leipzig · Jena · Berlin**

Titelbild:
Feuersalamander *(Salamandra salamandra)*

Die Deutsche Bibliothek – CIP-Einheitsaufnahme
Große, Wolf-Rüdiger:
Molche und Salamander / Wolf-Rüdiger Große. – 1. Aufl. –
Leipzig ; Jena ; Berlin : Urania-Verl., 1994
(Ratgeber Terrarium)
 ISBN 3-332-00464-6

ISBN 3-332-00464-6

1. Auflage 1994
Alle Rechte vorbehalten
© Urania-Verlagsgesellschaft mbH, Leipzig
Urania-Verlag Leipzig · Jena · Berlin
Lektorin: Annette Bromma
Zeichnungen: Renate Welt, Karl-Heinz Barnekow
Umschlag-Reihengestaltung: Heinz Kraxenberger
Typographie: Dietmar Senf
Satz und Druck: INTERDRUCK Leipzig GmbH
Printed in Germany

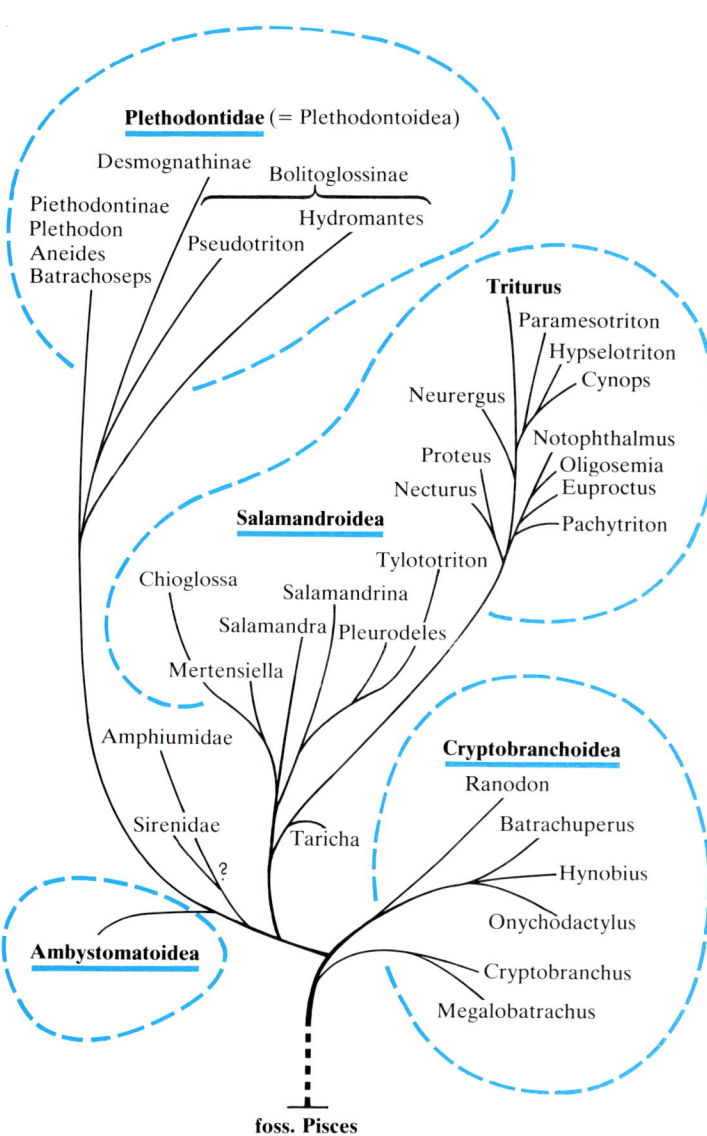

Plethodontidae (= Plethodontoidea)

Desmognathinae

Bolitoglossinae

Piethodontinae
Plethodon
Aneides
Batrachoseps

Pseudotriton

Hydromantes

Triturus

Paramesotriton

Hypselotriton

Cynops

Neurergus

Notophthalmus

Oligosemia

Euproctus

Salamandroidea

Proteus

Necturus

Pachytriton

Chioglossa

Tylototriton

Salamandrina

Salamandra

Pleurodeles

Mertensiella

Amphiumidae

Cryptobranchoidea

Ranodon

Sirenidae

Batrachuperus

?

Taricha

Hynobius

Onychodactylus

Cryptobranchus

Ambystomatoidea

Megalobatrachus

foss. Pisces

Stammbaum der Schwanzlurche

gruppe wesentlich erweitern. Viele verhaltensbiologische Fragen sind noch weitgehend ungeklärt und können neue Erkenntnisse bringen.

Vom Wasser zum Land

Zur erfolgreichen Haltung und Vermehrung der Molche und Salamander im Terrarium ist es notwendig, ihre Biologie und Ökologie zu kennen. Es gibt keinen Molch schlechthin, jede Gruppe hat ihre Eigenheiten, die anatomisch, physiologisch und ethologisch bedingt sind. Den Gemeinsamkeiten im Skelettbau – es ist hier erstmals in der Entwicklungsgeschichte ein typisches Landwirbeltierskelett mit vier vollständig entwickelten Extremitäten ausgebildet – stehen bei einzelnen Arten funktionell bedingte Reduktionen

Habitusschema eines Landsalamanders

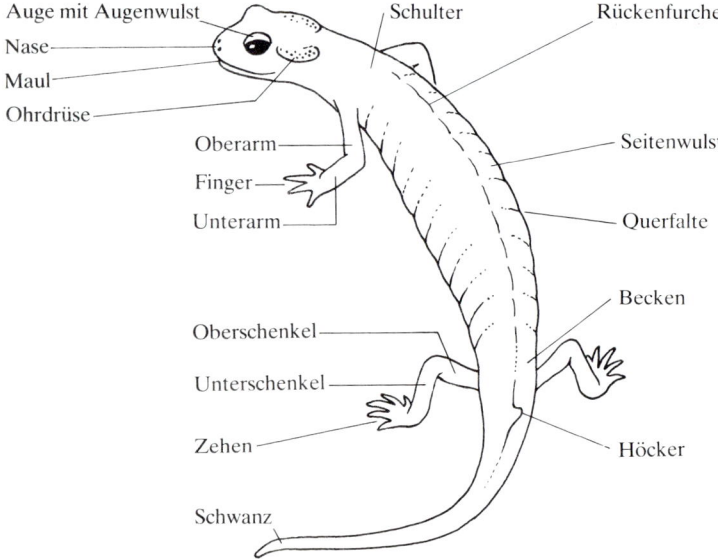

Auge mit Augenwulst
Nase
Maul
Ohrdrüse
Oberarm
Finger
Unterarm
Oberschenkel
Unterschenkel
Zehen
Schwanz
Schulter
Rückenfurche
Seitenwulst
Querfalte
Becken
Höcker

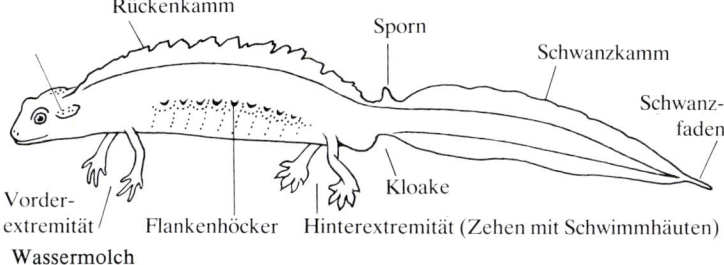

Rückenkamm Sporn Schwanzkamm Schwanzfaden Vorderextremität Flankenhöcker Kloake Hinterextremität (Zehen mit Schwimmhäuten) Wassermolch

der Gliedmaßen gegenüber. Der Grottenolm hat beispielsweise sehr dünne Arme und Beine mit zwei bzw. drei Zehen. Er bewegt sich schwimmend nur durch Schlagen mit seinem kräftigen Ruderschwanz fort. Die Wurmsalamander Nordamerikas legen bei der Fortbewegung im Wasser oder in sumpfigem Gelände ihre im Vergleich zum übrigen Körper sehr kleinen Extremitäten eng an. Sie bewegen sich durch Winden des Rumpfes und des Schwanzes fort, die Beine sind praktisch funktionslos. Dagegen können auf dem Land die Beine normal zur Fortbewegung eingesetzt werden.

Die Haut der Schwanzlurche ist nackt und drüsenreich. Die meisten Drüsen sind Schleimdrüsen. Sie sondern Schleim ab, der bei einigen nordamerikanischen Waldsalamandern z. B. auch sehr klebrig sein kann. Die Parotoiden, Drüsen in Ohrnähe, geben ein giftiges alkaloidhaltiges Sekret ab, das außerdem noch Geruchsstoffe enthält. Der Feuersalamander hat damit seine »sagenhafte Giftigkeit« erlangt. Kommen Säugetiere, z. B. Katze, Fuchs, Marder, mit diesem Schleim in Berührung, können bei ihnen Muskelschwäche, Atembeschwerden und Erbrechen ausgelöst werden. Das ist neben der versteckten Lebensweise ein sehr wirksamer Schutz der recht wehrlosen Lurche gegen ihre Feinde. Auch dem Menschen werden derartige Schleimabsonderungen unangenehm. Sie können allergische Reaktionen der Haut bzw. der Schleimhäute hervorrufen.

Die Kiemen sind bei den wasserlebenden Schwanzlurchlarven äußerlich sichtbar seitlich am Hals angeordnet. Es sind zarte, feinverästelte Hautanhängsel. Das Atemwasser gelangt über die Mundöffnung in die Mundhöhle und durch die Kiemenspalte wieder ins Freie. Dabei findet an den stark durchbluteten Kiemenbüscheln der Gasaustausch statt. Frischer Sauerstoff wird aufgenommen und das beim Stoffwechsel frei gewordene Kohlendioxid abgegeben.

Die meisten Lurcharten atmen nur in ihrer Larvalzeit durch Kiemen, z. B. Feuersalamander oder Teichmolch. Es gibt nur wenige, deren Larvenleben nicht an Wasser gebunden ist. Typische Beispiele für äußere Kiemen bei geschlechtsreifen Tieren sind die spezialisierten Lebensformen des Axolotls *(Ambystoma mexicanum)*. Dieser Vorgang, daß Larven unter Beibehaltung larvaler Merkmale geschlechtsreif werden, wird als Neotenie bezeichnet. Durch Hormongaben kann die Metamorphose des Axolotl eingeleitet werden, und es entsteht im Labor ein fertig entwickelter Querzahnsalamander. In der Gattung *Ambystoma* ist diese fakultative Neotenie häufig. Dagegen ist beim Europäischen Grottenolm die Neotenie und damit der Besitz äußerer Kiemen auch nicht durch künstliche Hormongaben zu beeinflussen (obligate Neotenie).

Bei allen Molchen und Salamandern kommt ein noch ursprünglicherer Atmungstyp vor, die Hautatmung, die sehr bedeutungsvoll für die Sauerstoffversorgung der Tiere ist. Diese Art des Gasaustausches über die Haut ist an Feuchtigkeit gebunden (Schleim) und wird allgemein über die gesamte Körperoberfläche realisiert. Daneben gibt es aber auch noch bestimmte Regionen, die zum Gasaustausch durch ein Kapillarnetz feinster Blutgefäße besonders befähigt sind. Bei wasserlebenden Larven ist dies die dünne Haut des Ruderschwanzes und des Rückenkammes. Bei schneller Fortbewegung entsteht ein größerer Sauerstoffbedarf, der durch die große Oberfläche der Hautsäume gedeckt wird. Dies erklärt auch, wieso Schwanzlurchlarven in relativ flachen, warmen und damit sauerstoffarmen Gewässern (häufig Temporärgewässer wie Spurrinnen und Flachtümpel) leben können.

Eine spezielle Form der Hautatmung haben die Lungenlosen Salamander entwickelt. Bei ihnen ist die Kehlregion oder die Mundrachenhöhle durch ein reichverästeltes Kapillarnetz zum Gasaustausch befähigt. Dieses Atmungssystem ist auf dem Land und im Wasser funktionstüchtig.

Abschließend ist noch die Lungenatmung zu nennen, bei der der Gasaustausch ins Körperinnere verlagert ist. Die Lungen der Schwanzlurche sind langgestreckt und nicht gekammert. Die Lungenatmung trägt wesentlich zur Sauerstoffversorgung der geschlechtsreifen Tiere bei. Wenn die adulten Molche zur Fortpflanzung das Wasser aufsuchen, sind sie deshalb gezwungen, in regelmäßigen Abständen zum Luftholen aufzutauchen. Das Axolotl verfügt sogar über alle drei Atmungstypen.

Die Sinnesorgane der Tiere sind ausschlaggebend für ihre Reaktionsfähigkeit auf die Umwelt. Sie vermitteln den Informationsfluß Umwelt – Tier und ermöglichen den Kontakt der Tiere untereinander. Molche und Salamander sind mit einer Vielzahl von Sinnesorganen ausgerüstet. Sie ermöglichen sehr schnelle Reaktionen, wie man sie bei der ruhigen Lebensweise der Tiere gar nicht vermutet.

Beim Auffinden der Nahrung spielen Tast- und Geruchssinn die entscheidende Rolle. Feine Tastsinneszellen (Sensoren) befinden sich auf der Hautoberfläche und vermitteln den Umweltkontakt, z. B. die Annäherung anderer Tiere oder Bewegungen von Futtertieren. Besonders zur Fortpflanzungszeit spielen Berührungsreize eine bedeutende Rolle. Riechnerven, vom Gehirn kommend, enden in Geruchsorganen in den paarigen Nasenhöhlen. Dabei werden sowohl im Wasser als auch auf dem Land feinste Geruchsspuren von Futter- oder Partnertieren (Duftstoffe bei der Paarung) wahrgenommen. Geschmacksknospen und -sinneszellen befinden sich wie bei allen Wirbeltieren hauptsächlich auf der Zunge und in der Mundhöhle. Lurche sind befähigt, verschiedene Geschmacksempfindungen zu unterscheiden. Darüber hinaus besitzen sie das Jacobsonsche Organ im Mundhöhlendach, mit dem ebenfalls chemische Reize, vorwiegend Geruchsempfindungen, wahrgenommen werden können. Die räumliche Orientierung ist noch weitgehend ungeklärt. Selbst über größere Entfernungen sind Lurche in der Lage, ihr Geburtsgewässer wiederzufinden. Wird durch Veränderung der Umwelt ein neues Gewässer geboten, so wird dieses meist gefunden und besiedelt.

Von den höheren Sinnen ist nur der optische Sinn einigermaßen gut entwickelt. Verschiedene Schwanzlurcharten sind zur Farbwahrnehmung befähigt (Wassermolche in der Fortpflanzungszeit). Bei höhlenbewohnenden Arten sind die Augen aber teilweise oder völlig reduziert (z. B. Grottenolm). Der Gehörsinn ist ebenfalls recht primitiv. Ein äußeres Ohr fehlt. Die Schallwellen wirken direkt auf das Schädeldach und werden über die Columella auf die Lagena übertragen. Es konnte nachgewiesen werden, daß einzelne Arten Töne im Bereich von 32 bis 244 Hertz wahrnehmen.

Aufgrund der relativ einfach gebauten Sinnesorgane sind bei den Urodelen keine komplizierten Verhaltensabläufe zu erwarten, wie bei Vögeln oder Säugetieren. Trotzdem lassen sich viele interessante Beobachtungen machen. Erst in den letzten Jahren sind die Tiere für die Verhaltenswissenschaft bedeutungsvoll geworden.

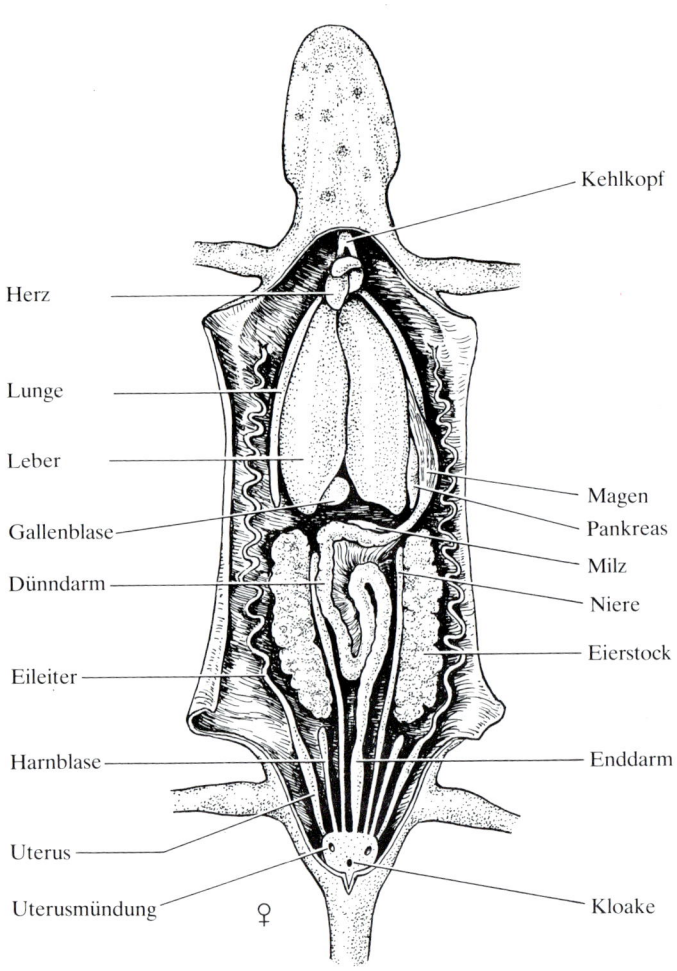

Kehlkopf

Herz

Lunge

Leber

Gallenblase

Dünndarm

Eileiter

Harnblase

Uterus

Uterusmündung ♀

Magen

Pankreas

Milz

Niere

Eierstock

Enddarm

Kloake

Situs eines Weibchens

Die weiblichen Geschlechtsorgane bestehen aus dem Eierstock und dem Eileiter; beide sind paarig angelegt. Beim männlichen Geschlecht ist ein Paar Hoden ausgebildet. Über den Samenleiter werden die Geschlechtsprodukte ausgeführt. Manche Arten haben einen Harnsamenleiter. Die Ausführkanälchen der Geschlechtsorgane enden bei beiden Geschlechtern in der Kloake. Die Kloake ist

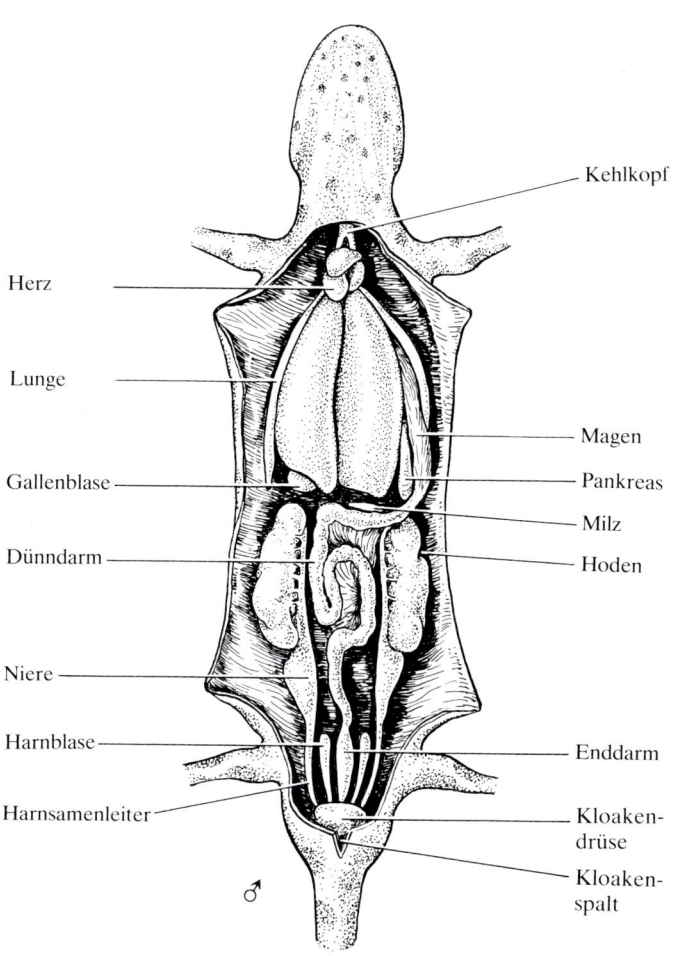

Kehlkopf

Herz

Lunge

Gallenblase

Dünndarm

Magen

Pankreas

Milz

Hoden

Niere

Harnblase

Harnsamenleiter

Enddarm

Kloaken-
drüse

Kloaken-
spalt

♂

Situs eines Männchens

der Endabschnitt des Magen-Darm-Kanals, in den die Ausführ-
gänge der Exkretions- und der Geschlechtsorgane sowie die Kloakendrüsen, die im Dienst der Fortpflanzung stehen, münden. Beim
männlichen Geschlecht kann die Kloakenwand muskulös verstärkt
sein, so daß sich die Kloake ausstülpen läßt. Das erleichtert das
Absetzen der Spermatophoren.

Hochzeit im Glas

Während der Fortpflanzungszeit, in der Regel im Frühjahr, und beim Paarungsverhalten lassen sich die interessantesten Beobachtungen bei den Schwanzlurchen machen. Optimale Umweltbedingungen sind die Voraussetzung für eine erfolgreiche Vermehrung. Der Züchter sollte für die Terrarienaufstellung Räume mit niederen Temperaturen wählen. Denn Kühle und genügend Feuchtigkeit in den Becken sind schon zwei wichtige Voraussetzungen für das Gedeihen seiner Pfleglinge.

Tageslicht durch das Fenster genügt im allgemeinen, um das Lichtbedürfnis der Tiere zu decken. Der Wechsel der Länge der Licht- und Dunkelzeit im Jahresgang spielt allerdings eine nicht unwesentliche Rolle bei der Steuerung des Fortpflanzungsgeschehens (Ausnahmen sind die höhlenbewohnenden Formen). Weiterhin beeinflussen Veränderungen der Wasserqualität (Sauerstoffgehalt, pH-Wert, Wasserhärte) die Fortpflanzungsbereitschaft. In der Praxis hat es sich bewährt, das Aquarienwasser über Torf zu filtern. Damit werden Kalkanteile gebunden und die leichte Ansäuerung verhindert Fäulnis, vor allem Verpilzung bei Molchlarven. Viele Schwanzlurche brauchen, um in Paarungsstimmung zu kommen, einen Temperaturwechsel im Jahresgang. In den Wintermonaten genügen Temperaturen von 4 bis 6 °C, danach sollte auf 18 bis 22 °C erhöht werden. Der Temperaturwechsel um durchschnittlich 10 °C im Tages- und Jahresgang wirkt sich stets günstig auf die Entwicklung der Lurche aus. Die Spermienreife und die Paarungsbereitschaft werden dabei wesentlich gefördert. So kommen z. B. kalt überwinterte Axolotl im Frühjahr bereits durch Wasserwechsel in Paarungsstimmung. Gleichzeitig kann auch die Dauer der Lichtzeit verändert werden. Bei niedrigen Temperaturen reichen 6 bis 8 Stunden Licht am Tag aus. Danach wird das Aquarium bzw. Terrarium bei Temperaturerhöhung 12 bis 16 Stunden täglich beleuchtet.

Auch die Fortpflanzungsbiologie der Tiere muß bei den Nachzuchterwartungen berücksichtigt werden. Riesensalamander wandern zur Fortpflanzungszeit in Bergbachregionen mit kühlerem, sauerstoffreichem Wasser. Dem ist Rechnung zu tragen. Man kann

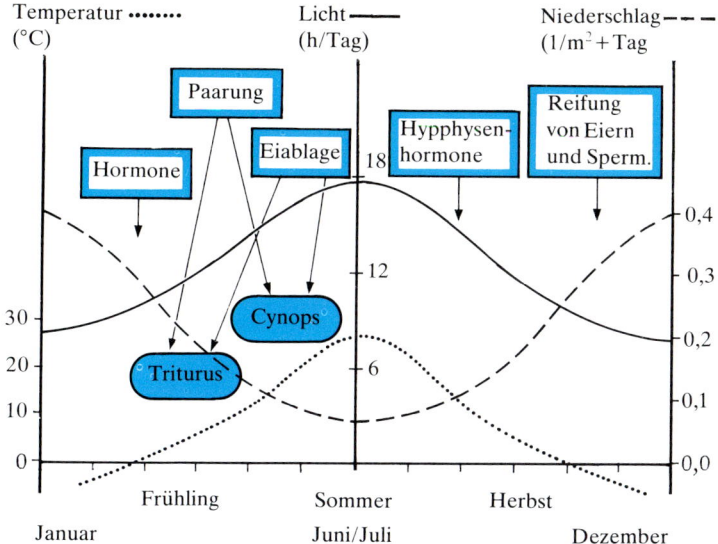

Temperatur ••••••   Licht ——   Niederschlag — — —
(°C)   (h/Tag) $(1/m^2 + Tag$

Paarung

Hormone   Eiablage   18   Hypphysen-hormone   Reifung von Eiern und Sperm.

Cynops

Triturus

Frühling   Sommer   Herbst

Januar   Juni/Juli   Dezember

Zusammenwirken exogener Klimafaktoren (Temperatur, Licht und Niederschlag) und endogener hormoneller Steuermechanismen bei mitteleuropäischen Urodelen

durch eine Belüftung und durch Verwendung von weicherem Wasser weitere Fortpflanzungsstimuli schaffen. Selbst eine Wasserumwälzung ist dabei nützlich und erfolgversprechend. Das trifft für viele Bergbach- und Höhlenformen zu.

Neben diesem von außen (exogen) gesteuerten Fortpflanzungsverhalten existiert ein genetisch fixierter, rein endogen gesteuerter Fortpflanzungszyklus, der durch Ausschüttung der Hypophysenhormone die Reifung von Ei- und Samenzellen in den Wintermonaten bewirkt. In dieser Phase wirken äußere Klimaveränderungen, etwa Licht- oder Temperaturveränderungen im Terrarium, nicht auf die Fortpflanzung ein. Erst auf dem Höhepunkt der Spermiogenese sind äußere Stimuli erfolgreich. Das trifft auch für den Einsatz von Hormonstimuli zu, die neuerdings gelegentlich zur Terrarientierzucht verwendet werden.

Unabhängig davon, ob man Tiere aus tropischen oder gemäßigten Klimaten hält, ist der Rhythmus des endogenen Entwicklungsmechanismus der Keimzellen so geprägt, daß der Nachwuchs gesichert und die Erhaltung der Art gewährleistet ist.

Hochzeit im Glas   15

Nachdem diese Voraussetzungen erfüllt sind, ist die erfolgreiche Zucht das erfreuliche Ergebnis. Dabei zeigen die Schwanzlurche ein sehr breites Spektrum von Verhaltenshandlungen, deren Kenntnis oft noch recht lückenhaft ist.

Die Gruppe der niederen Schwanzlurche hat ein relativ urtümliches Fortpflanzungsverhalten. Bei den Riesensalamandern, Armmolchen und Winkelzahnmolchen findet eine äußere Befruchtung der Eier im Wasser statt. Das Paarungsspiel, oft als »Waltz« beschrieben, besteht in der gegenseitigen Geruchskontrolle an der Kloake des Partners. Anschließend laicht das Weibchen ab. Das geschieht meist in einer flachen Mulde am Gewässergrund oder in einer natürlichen Höhlung. Das Männchen ergießt den Samen (Spermien) in Wolken über das Gelege, das bei den Riesensalamandern strangförmig, bei den Winkelzahnmolchen in wurstförmig gedrehten Säcken angeordnet ist.

Die männlichen Tiere bewachen das Gelege bis zum Schlupf der Larven, deren weitere Entwicklung bis zum fertigen Molch sich im Wasser vollzieht. Bei den höheren Schwanzlurchen findet stets eine innere Befruchtung statt, d. h., die Spermien werden von den Weibchen in die Kloake aufgenommen, dann werden befruchtete Eier abgelegt. Die Lebensweise der höheren Schwanzlurche umfaßt alle Übergänge vom Wasser- zum Landleben und damit auch viele Spezialisierungen in der Balz, Paarung und Eiablage im Wasser und an Land. Der Höhepunkt dieser Entwicklung ist die relative Unabhängigkeit vom Wasser durch das Gebären schon vollausgebildeter Jungtiere (Alpensalamander).

Sehr gut bekannt sind die Fortpflanzungsverhältnisse bei unseren einheimischen Wassermolchen. Die geschlechtsreifen Tiere suchen im Frühjahr das Gewässer auf und paaren sich bereits im April/Mai. Die männlichen Tiere bilden breite Hautsäume auf Rücken und Schwanz (Teichmolch, Kammolch) aus, die auch extrem gezackt sein können (Kammolch). Meist sind auch die Extremitäten durch solche Hautsäume abgeflacht. Die Kloake ist geschwollen und zeigt einen deutlichen Spalt. Die Weibchen, ohne Kamm und Säume, zeichnen sich durch eine stempelförmige Kloake aus. Auffallende Bauch- und Flankenfärbungen bei den Männchen ermöglichen das Erkennen und »Ansprechen« der Partner. Das Männchen verfolgt das auserwählte Weibchen unaufhörlich. Gelegentlich werden Geruchskontrollen an der Kloake vorgenommen (wie beim Paarungsverhalten der niederen Schwanzlurche). Danach stellt sich das Männchen quer vor dem Weibchen auf und beginnt zu wedeln. Dabei wird der Schwanz an der Schwanzwurzel so weit eingekrümmt, daß er parallel zum Körper steht. Die Schwanzspitze vibriert, wobei Duftstoffe, die aus einer der drei Kloakendrüsen (Bauchdrüse) stammen, dem Weibchen zugewedelt werden. Diese Duftstoffe vermitteln die weiteren Handlungsabläufe zwischen beiden Partnern. Das Zeremoniell wird durch kurze Pausen unterbrochen, in denen das Männchen durch Geruchskontrollen an der Kloake und den Flanken des Weibchens überprüft, ob dieses schon zur Aufnahme der Spermatophore bereit ist. Danach setzt sich das männliche Tier andeutungsweise in Bewegung. Paarungsbereite Weibchen folgen in diesem Falle dem Männchen und führen ebenfalls kurze Geruchskontrollen an dessen Kloake durch. Die Paarung erreicht ihren Höhepunkt, wenn das Weibchen dem Männchen folgt, das nun die Spermatophore absetzt. Diese wird von der zweiten Kloakendrüse gebildet und besteht aus einem Gallertkegel (in der Form ein Abguß des Kloakeninneren). Er enthält an der Spitze ein Samenpaket, das von der dritten Kloakendrüse

Bandmolch – Männchen *(Triturus vittatus)* im Paarungskleid

mit einem klebrigen Schutzsekret umgeben wurde. Dieses milchig-gallertige Gebilde wird vom Männchen auf dem Bodengrund abgesetzt, und das ihm folgende Weibchen versucht, mit seiner Kloake die Spermatophore zu ertasten und aufzunehmen. In der weiblichen Kloake wird die Gallerthülle aufgelöst, die Spermien wandern aufwärts in eine Drüse, deren Sekret den Samen konserviert. Die Faltungen des Kloakeninneren bestimmen dabei genau den Weg der Spermien.

Die Paarung der Feuerbauchmolche (Gattung *Cynops*) verläuft ganz ähnlich der eben beschriebenen typischen *Triturus*-Paarung. Die *Cynops*-Männchen wedeln ebenfalls. Zum Höhepunkt der Paarung schwimmt das Männchen vor das Weibchen. Der Körper ist vorn mit den Vorderbeinen hoch aufgerichtet, die Hinterbeine sind flach seitlich gestellt, so daß die stark geschwollene Kloake direkt den Boden berührt. Zum Augenblick des Absetzens der Spermatophore ist der Ruderschwanz senkrecht aufgestellt und vibriert leicht. Die rot, blau und silbrig schimmernde Schwanzunterseite signalisiert dem direkt dahinter stehenden Weibchen die Abgabe der

Das Teichmolchmännchen versucht, durch heftiges »Wedeln« das Weibchen zur Paarung anzuregen.

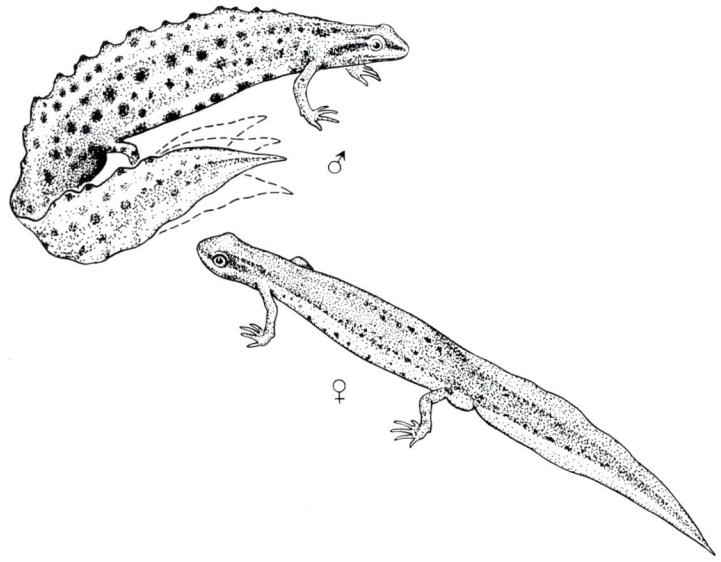

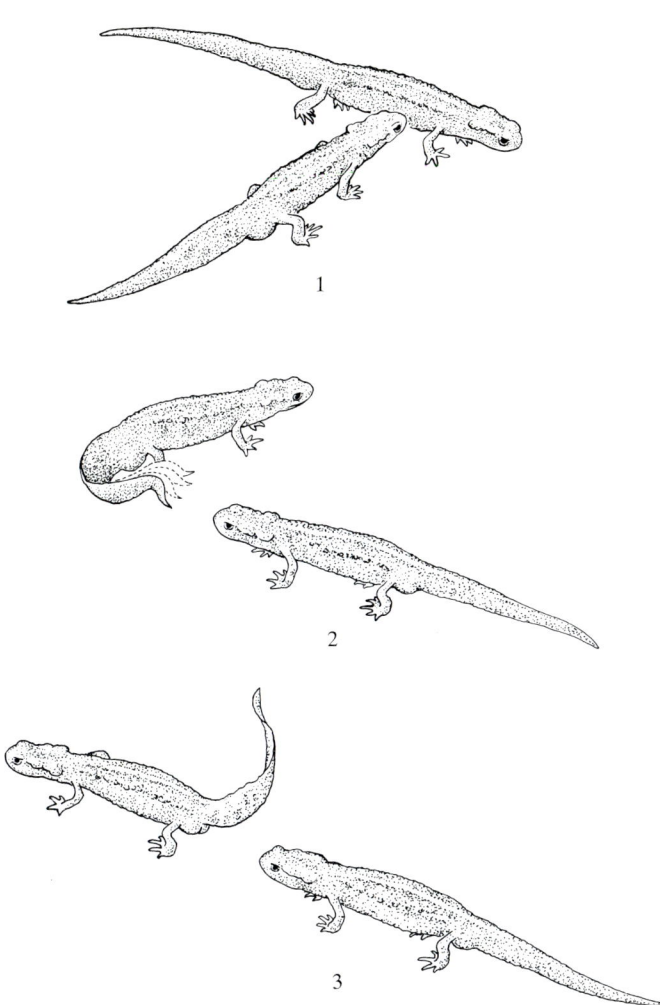

Paarungsspiel beim Feuerbauchmolch. 1 Geruchskontrolle, 2 »Wedeln« des Männchens, 3 Das Männchen signalisiert mit steil aufgerichtetem Schwanz die abgesetzte Spermatophore.

Spermatophore, wobei das Männchen wenige Schritte vorwärts geht. Das Weibchen folgt und sucht seinerseits mit der jetzt ebenfalls stempelartig abgeflachten Kloake den Boden ab, bis es die Spermatophore ertastet hat.

Die Paarungen wiederholen sich mehrmals im Frühjahr, wodurch schließlich Spermien im Überfluß gespeichert werden, die von verschiedenen Partnern stammen. Die Spermien können noch viele Monate lebensfähig sein, so daß Molchweibchen, die im jeweiligen Frühjahr noch gar nicht begattet wurden, dennoch befruchtete Eier ablegen. Die im Eierstock des Weibchens gebildeten Eier gelangen in den Eileiter, wo sie vier Gallerthüllen umgeben. In der Kloake erfolgt dann die Befruchtung. Die Eier werden nun in Klumpen oder in Strängen abgelegt. Bei unseren einheimischen Wassermolchen, z. B. dem Bergmolch, ist dieser Vorgang hochspezialisiert. Das Weibchen sucht eine Wasserpflanze auf und bringt ihre Kloake an ein Wasserpflanzenblatt. Die Hinterbeine werden um das Blatt gelegt und falten es. Dabei können sogar die Zehen ineinandergreifen. Das Ei wird in dieses gefaltete Blatt hineingedrückt. Die klebrige Eihülle hält es so eingerollt zusammen. Zur nächsten Eiablage wird ein neues Wasserpflanzenblatt aufgesucht. Die Gallerthüllen des Eies quellen im Wasser auf und sind mit einer Lupe deutlich erkennbar. Die innere Hülle ist besonders wäßrig, so daß sich das Ei und später der Embryo darin drehen können.

Die Eiablage bei einem Feuerbauchmolchweibchen

Die äußeren Hüllen sind »fester«, sie dienen dem Schutz des Eies. Bei der räuberischen Lebensweise der Molche sollte man Eier und Elterntiere trennen. Bei manchen Arten, z. B. dem Rippenmolch, werden die Elterntiere einfach umgesetzt. Die Rippenmolche laichen meist in kurzer Zeit (6 bis 18 Stunden), und die Eier kleben überall im Aquarium. Bei Arten mit einer langen Eiablagezeit ist es ratsam, die Eier täglich aus dem Aquarium zu entfernen. Am einfachsten schneidet man die mit Eiern verklebten Pflanzenteile ab und überführt diese in ein separates Becken. Verpilzte, meist unbefruchtete Eier sind aus dem Becken zu entfernen.

Die Trennung der Elterntiere vom Gelege entfällt bei brutpflegenden Salamandern (z. B. Gattung *Aneides* oder *Ensatina*).

Leben entsteht

Die nun folgende Entwicklung vom Ei zum fertigen Molch ist für den interessierten Beobachter eine kleine Sensation. Jeder Liebhaber, mit einer Lupe ausgerüstet, kann sie in seinem Aquarium verfolgen. Sie ist wesentlich von der Wassertemperatur abhängig, die bei unseren einheimischen Molchen in der Regel im Frühjahr 12 bis 14 °C betragen sollte. Nur in sehr flachen Gewässern, die sich durch Sonneneinstrahlung schnell erwärmen, liegen die Temperaturen zuweilen etwas höher. Im Aquarium wird man mindestens 18 °C bieten, das Maximum sollte aber auch hier 24 °C nicht überschreiten, da sonst Verpilzungen zu schnell um sich greifen. Bei Gebirgsbachbewohnern (z. B. *Neurergus* oder *Euproctus*) sollten 20 °C nicht überschritten werden. Dabei gibt es auch innerhalb einer Gattung bedeutende Unterschiede, die berücksichtigt werden müssen. So ist die Temperatur von 18 °C für *Ambystoma mexicanum* in der Embryonalphase optimal, während *Ambystoma tigrinum* bis 22 °C gehalten und zur Fortpflanzung gebracht werden kann.

In den ersten Stunden nach der Eiablage erfolgen Zellteilungen, die gut sichtbar sind. Ein vielzelliges, rundes Gebilde, die Morula, entsteht, aus dem sich nach wenigen Tagen ein Keim entwickelt, bei dem Kopf, Kiemen und Schwanz erkennbar werden. Je nach

Temperatur ist nach 10 bis 30 Tagen die Entwicklung abgeschlossen. Es gibt aber auch Gattungen, die von Natur aus lange Embryonalzeiten aufweisen: *Amphiuma, Taricha, Paramesotriton.* Der Schlupfzeitpunkt deutet sich bereits durch erste Bewegungen der Embryonen in den Eihüllen an. Schließlich werden die Eihüllen mit Hilfe einer am Kopf gelegenen Drüse, die bestimmte Enzyme absondert, aufgelöst. Die Larven befreien sich und setzen sich mittels Haftstäbchen noch ein bis zwei Tage an Wasserpflanzen, Steinen und ähnlichem fest. In dieser Zeit ernähren sie sich von ihrem Dottervorrat. Die Hautsäume an Rücken und Schwanz entwickeln sich zu leistungsfähigen Schwimm- und Atmungsorganen. Außerdem wird die Sauerstoffversorgung durch Kiemenbüschel am Kopf gewährleistet. Die Larven beginnen jetzt ihre räuberische Lebensweise und nehmen zuerst Kleinstlebewesen (Plankton) auf. Man kann auch die im Handel erhältlichen Salinenkrebse *(Artemia)* zum Anfüttern einsetzen. Die Lurchlarven wachsen sehr schnell auf einige Zentimeter Länge heran, so daß viel Futter, auch entsprechend größeres (Enchyträen, Tubifex, kleine Regenwürmer), nötig ist.

Die Schwanzlurchlarven sind durch ihre Körperform gut an das Wasserleben angepaßt. Die in Tümpeln lebenden Arten haben hohe Flossensäume. Dagegen hat der Körper der Bergbachbewohner eine Stromlinienform. Der muskulöse Schwanz dient als Ruderorgan. Mit Beginn der Entwicklung der Vorderbeine bilden sich die Haftstäbchen zurück. Der Mund der Larven ist groß, und die Kiefer sind mit echten Zähnen besetzt. Die Hinterbeine werden meist erst kurz vor der Umwandlung ausgebildet.

Sind die Larven ausgewachsen, stellen sie die Nahrungsauf-

Schema einer Schwanzlurchlarve

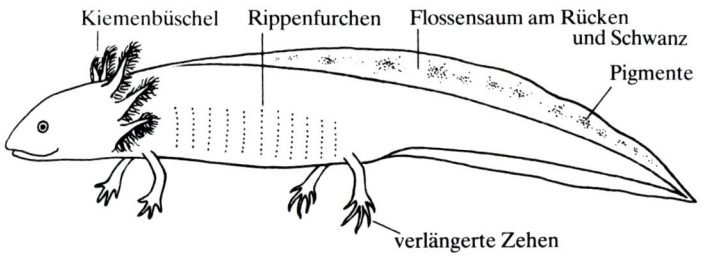

Kiemenbüschel   Rippenfurchen   Flossensaum am Rücken und Schwanz   Pigmente

verlängerte Zehen

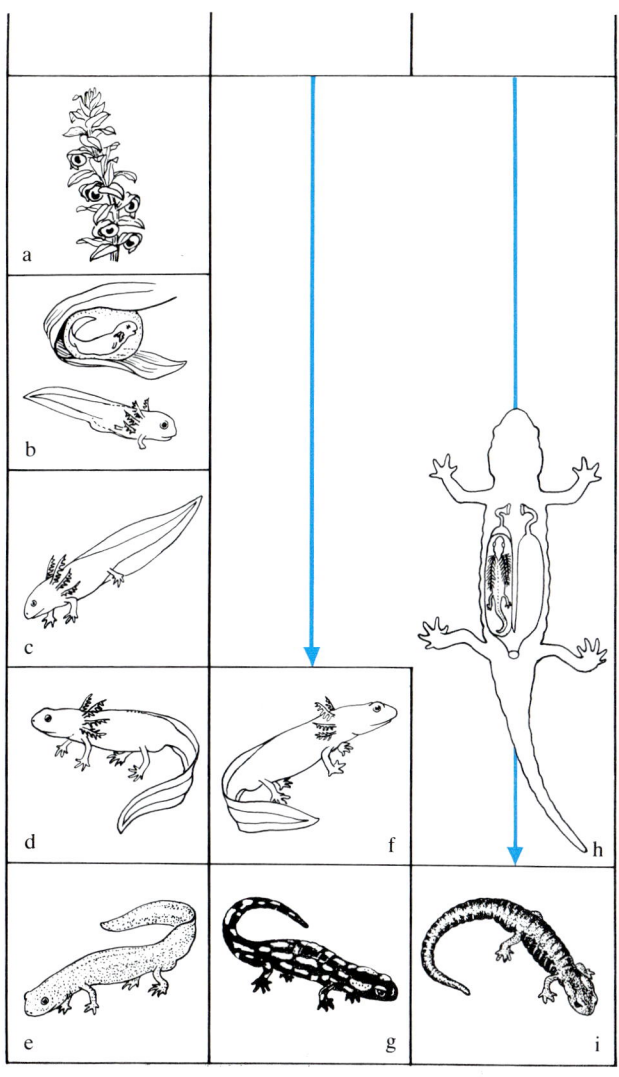

Übersicht über die Entwicklung der Schwanzlurche. Links: Molche (a–e); Mitte: Feuersalamander (f–g), Entwicklung bis zur Larve im Muttertier; rechts: Alpensalamander (h–i), Entwicklung bis zum Jungsalamander im Muttertier

Larve vom Teichmolch *(Triturus vulgaris)*

nahme ein und verwandeln sich zum »Landlurch«. Im Aquarium müssen sie nun auch die Möglichkeit bekommen, aus dem Wasser zu kriechen. Hilfreich sind dabei Steine oder schwimmende Korkstückchen. Während der Umwandlungszeit, die meist nur wenige Tage dauert, nehmen die Lungen als Hauptatmungsorgan ihre Funktion auf, die äußeren Kiemenbüschel bilden sich zurück, die Kiemenöffnung verwächst. Die Hautsäume an Rücken und Schwanz verschwinden ebenfalls, das Sinnessystem stellt sich auf das Landleben ein. Die Jungmolche werden nun am besten in ein kleineres Glasgefäß, Tradescantia-Glas nach Wolterstorff, umgesetzt. Die Behälter sind mit Fliegengaze oder mit Glasscheiben möglichst dicht zu verschließen, da die Jungmolche auch durch kleinste Spalten sehr schnell entweichen.

Da gerade bei der Haltung von Molchen im Aquarium viele interessante Beobachtungen gemacht werden, ist es notwendig, diese für andere Liebhaber sinnvoll und nachvollziehbar fototechnisch oder verbal festzuhalten und zu veröffentlichen. Dabei ist es notwendig, Angaben zur Haltungstemperatur, zur Aquariengröße und zum Futter zu machen. Anhand einiger wichtiger Entwicklungsda-

Larve des Feuersalamanders *(Salamandra salamandra)*

ten der Nomenklatur nach Glaesner (1925) könnten die Beobach-
tungen wie folgt dargestellt werden:
  Eiablage: wo erfolgt, Größe des Eies, im Ein- oder Zweizellen-
  Stadium
  Embryonalzeit: von der Eiablage bis zum Schlupf der Larve
  Entwicklungsstadium 37: frisch geschlüpfte Larve, hat äußere
  Kiemen, beginnen zu verästeln, Haken am Kopf sichtbar, Vor-
  derbeine als mäßig lange Stummel erkenntlich
  Entwicklungsstadium 50: Larven haben Alttieren ähnliche Kör-
  perproportionen, Beginn der Pigmentierung, sehr lange dünne
  Kiemen, Hinterbeine mit Zehen sichtbar
  Entwicklungsstadium 56: Kiemen und Flossensäume zurückge-
  bildet, Färbung fast den Alttieren ähnlich, Beine werden kräftig,
  Landleben beginnt
Diese Merkmalsskala läßt sich auch vom Laien schnell mit einer
Lupe überprüfen. Die Gesamtlänge der Larven kann man in einer
flachen Glasschale auf Millimeterpapier hinreichend genau messen. So lassen sich mit einfachen Mitteln vergleichbare Daten ge-
winnen.

Die meisten Schwanzlurcharten erreichen nach einem Jahr, spätestens nach zwei Jahren, ihre volle Größe und werden fortpflanzungsfähig.

Bei den vorwiegend auf dem Land lebenden Salamandern (Salamandridae) gibt es viele Variationen im Fortpflanzungsverhalten und bei der Entwicklung der Larven. Typisch für diese Gruppe ist die Lebensweise des Feuersalamanders *(Salamandra salamandra)*. Sein bevorzugter Lebensraum sind Laub- und Nadelwälder in der Nähe von Gewässern. Hier ist er in Erdlöchern, Felsspalten, unter Baumrinden und Moospolstern zu finden. Die Geschlechter sind gut an der Kopfform und der Kloake zu unterscheiden. Die Männchen haben einen breiten Kopf mit stumpfer Schnauze und zur Fortpflanzungszeit eine wulstartig aufgetriebene Kloake mit einem deutlichen Längsspalt. Der Kopf der Weibchen ist zugespitzt, die Kloake abgeflacht. Die Paarung der Feuersalamander erfolgt an Land in der Nähe von langsam fließenden Gewässern oder klaren Gebirgstümpeln. Die Männchen sind im Frühjahr sehr aktiv und suchen in den Nachmittagsstunden und zu Beginn des Abends nach paarungsbereiten Weibchen. Treffen die beiden Geschlechter aufeinander, dann führt das Männchen zuerst eine Geruchskontrolle an der Kloake durch. Das Weibchen verhält sich dabei inaktiv, es wird schließlich mehrmals »umwandert« und mit den Vorderbeinen umklammert. Das Männchen versucht nun immer wieder durch seitliches Reiben an der Kloake des Weibchens, dieses zu reizen und zu weiterer Aktivität anzuregen. Am Höhepunkt der Paarung drehen beide Partner ihre Kloaken so weit seitlich zueinander, daß die vom Männchen auf dem Boden abgesetzte Spermatophore unmittelbar vom Weibchen mit der Kloake aufgenommen werden kann. Schon kurz danach oder einige Zeit später trennen sich die Partner wieder. Die Spermien wandern in den Kloakenfalten des Weibchens in den Eileiter und befruchten dort die Eier. Hier findet auch der nächste Entwicklungsabschnitt statt. Da die Feuersalamanderlarven in ihren Eihüllen im Mutterleib verbleiben, bis sie abgesetzt werden, müssen sie mit dem Dottervorrat auskommen; lediglich mit Wasser und Sauerstoff werden sie aus dem mütterlichen Organismus versorgt.

Zum Absetzen der Jungtiere suchen die trächtigen Weibchen den Rand einer Wasserstelle auf. Beim Geburtsakt platzen die Eihüllen, und die Larven werden frei. Die weitere Entwicklung vollzieht sich nun im Wasser.

Die Salamanderlarven tragen äußere Kiemenbüschel und sind durch ihre gedrungene Gestalt nicht mit anderen Molchlarven zu verwechseln. Nach etwa 2 bis 3 Monaten sind sie ausgewachsen und beginnen, die Gestalt der Eltern anzunehmen; der Schwanz wird rund, die schwarz-gelbe Färbung tritt hervor, die Kiemen werden reduziert, und die Lungenatmung setzt ein. Jetzt verlassen die kleinen Salamander das Wasser und führen ein typisches Landsalamanderleben.

Der Übergang vom Wasser- zum Landleben ist mit bedeutenden physiologischen und anatomischen Veränderungen für das Tier verbunden. Bei Störungen der Schilddrüsenfunktion, das bedeutet Ausfall von Wachstumshormonen, tritt Neotenie ein. Darunter versteht man, daß larvale Merkmale (Flossensäume, Kiemen, Hautstruktur) zeitlebens bestehen bleiben. Trotzdem erlangen die Tiere die Geschlechtsreife und können sich erfolgreich fortpflanzen. Bei den meisten Schwanzlurcharten ist eine solche Entwicklung bzw. Lebensweise die Ausnahme, beim Axolotl jedoch die Regel. Durch ungünstige klimatische und geographische Bedingungen sind die Tiere in ihrem natürlichen Verbreitungsgebiet (See von Xochimilco in Mexiko) auf diese Form der aquatilen Lebensweise angewiesen.

Viel unabhängiger vom Wasser sind andere Salamanderarten geworden. So erfolgt die Paarung beim Alpensalamander *(Salamandra atra)*, der in Regionen bis zu 3 000 m Höhe vorkommt, vorwiegend

Paarung des Alpensalamanders. Klammergriff des Männchens (oben) und Kehlreiben

in den Abendstunden bei feuchtkühler Witterung. Paarungswillige Männchen verfolgen die Weibchen, bis diese sich ebenfalls paarungsbereit zeigen. Sodann wird das Weibchen bestiegen, mit den Vorderbeinen geklammert und die Kopfoberseite mit der Kehle kräftig gerieben. Anschließend schiebt sich das Männchen unter das Weibchen und trägt es auf seinem Rücken. Durch weitausholende Schwanzbewegungen wird die Kloake des Weibchens gerieben und unmittelbar daneben die Spermatophore abgesetzt. Das Männchen biegt seinen Hinterleib seitwärts weg, bis die Kloake des Weibchens über der Spermatophore schwebt und diese aufnimmt.

Die gesamte Entwicklung, die der Embryonen, aber auch die der Larven, erfolgt nun im Mutterleib. Das Tier besitzt zwei Eileiter, in denen sich jeweils nur ein Jungtier entwickelt. Die restlichen Eier werden zurückgebildet. Nach 2 bis 3 Jahren kommen zwei den Eltern gleichende Jungsalamander zur Welt.

Ebenfalls vom Wasser unabhängig, aber unter ganz anderen Verhältnissen, findet bei nordamerikanischen Wald- und Baumsalamandern die Fortpflanzung statt (*Aneides lugubris* oder *Bolitoglossa adspersa*). Die befruchteten Eier werden einzeln oder in Trauben unter Rinden oder in Baumhöhlen angeheftet, um sie vor dem Austrocknen zu schützen. Das Gelege wird meist vom Elterntier vor Feinden, aber vor allem vor Feuchtigkeitsverlust geschützt. Nach einigen Wochen schlüpfen aus den Eiern fertig entwickelte Jungtiere, die noch einige Zeit unter der Obhut des Weibchens leben.

Die durchschnittliche Lebensdauer der einzelnen Molch- bzw. Salamanderarten ist recht unterschiedlich. Kammolche werden im Terrarium nicht selten über zehn Jahre alt, Axolotl wurden vom Autor 18 Jahre gepflegt. Aus der Literatur ist bekannt, daß ein Feuersalamander 28 Jahre alt wurde und fast bis zum Lebensende Nachwuchs brachte. Den absoluten Rekord halten die Riesensalamander, die verbürgt aus zoologischen Gärten über 50 Jahre alt wurden.

Diese Angaben lassen keinen Vergleich mit Freilandverhältnissen zu, wo bedingt durch den Selektionsdruck der Umwelt höchstens Einzeltiere derartige Höchstgrenzen erreichen.

Das Molchterrarium – ein Sumpf im Zimmer?

Die Anforderungen, die Molche und Salamander an ihr Quartier stellen, scheinen nur auf den ersten Blick einfach und bescheiden zu sein.

Die Probleme gehen bereits bei der Aufstellung des Terrariums los. Da unsere Pfleglinge größtenteils Bewohner feuchter, kühler Biotope sind, eignen sich kühle Kellerräume oder Zimmer an der Nordseite von Häusern am besten. Schwierigkeiten werden stets in zentralbeheizten warmen Räumen mit Südexposition auftreten. Nur ganz wenige Arten, wie etwa Flachlandvertreter der Gattung der Feuerbauchmolche, vertragen höhere Temperaturen.

Technisch am einfachsten halten sich Arten, die aus den Gebieten mit konstantem Jahresklima (Licht und Temperatur betreffend)

Molchaquarium mit Beleuchtung. Es enthält Lüfterstein, Kunstschwammfilter, Pflanzgefäß und Moorwurzeln.

stammen. Deshalb ist oftmals die Haltung einheimischer Arten und ihre erfolgreiche Vermehrung so kompliziert.

Ein weiterer wichtiger Faktor in einem Molchterrarium ist, die für Landsalamander notwendige hohe Luftfeuchtigkeit (betrifft auch die Landphase aquatischer Formen) zu gewährleisten, ohne daß durch Lüftungsschlitze die Terrarien austrocknen. Meist genügen kleinste Spalträume zwischen Abdeckplatten oder an aufklappbaren Sichtscheiben, um ein völliges Stagnieren der Luft zu verhindern (Fäulnis) und die nötige Feuchtigkeit zu erhalten. Dabei muß ein Konsens zwischen der Strahlungswärme von Lichtquellen, der Feuchtigkeit und dem Luftaustausch für jedes Terrarium speziell gefunden werden. Durch die Wärmeausstrahlung von Lichtquellen erübrigen sich Heizungen in Molchbehältern fast vollständig, es sei, die Unterbringung erfolgt in nicht frostfreien Räumen, so daß im Winter ein Erfrierungsschutz notwendig wird.

Die Pflege von Molchen und Salamandern fängt meist mit der Nutzung eines ausgedienten Aquariums als Behälter an. Er ist für einige Molcharten auch geeignet, sofern er oberseits mit einer Abdeckplatte dicht verschlossen werden kann, denn die meisten Mol-

Aquaterrarium mit niedrigerem Wasserstand, eingeklebtem Bord, einer Steinbrücke und seitlichem Lüftungsschlitz

che und Salamander beherrschen die Kunst des Ausbrechens perfekt. Empfehlenswert sind Glasbehälter verklebt mit Silikonkautschuk auf Essigsäurebasis (transparent, weiß oder grau eingefärbt). Diese Becken sehen elegant aus und können in allen Abmessungen den Bedürfnissen der Pfleglinge angepaßt werden. Rahmenaquarien sind kaum noch gebräuchlich, Plexiglasaquarien dagegen sehr teuer. Letztere haben den Vorteil, daß man günstig mit Bohrungen Zubehör anbringen kann. Allerdings zerkratzt Plexiglas bei den notwendigen häufigen Reinigungsarbeiten schnell. Entsprechend der Molchart muß das Aquarium dimensioniert werden. In der Standarddimension ist es nur für Rippenmolche, Axolotl und Feuerbauchmolche geeignet. Viele andere Molcharten benötigen flache Aquarien mit großer Grundfläche (Riesensalamander, Molche der Gattung *Triturus*, Gebirgsbauchmolche der Gattung *Neurergus*).

Der Molchpfleger verwendet möglichst Becken verschiedener Größen (Vollglasaquarien sind nur bedingt geeignet), um beispielsweise die Tiere bei Reinigungsarbeiten (Absaugen des Bodenschlamms und damit verbundener Teilwasserwechsel) schnell umsetzen zu können.

Die Einrichtung der Aquarien sollte optisch attraktiv, aber auch in der Pflege optimal sein. So kann man auf den üblichen Bodengrund aus Sand auch völlig verzichten und sehr groben Kies, der sich leicht durch das Absaugen von Kot und Nahrungsresten säubern läßt, verwenden. Aber auch das Einbringen von Pflanzen in Pflanzschalen, z. B. Tausendblatt *(Myriophyllum)*, oder eine Bepflanzung mit schwimmenden Arten, wie Armleuchteralgen *(Nitella)*, Hornkraut *(Ceratophyllum)*, Quellmoos *(Fontinalis)* oder Wasserpest *(Elodea)*, die gegebenenfalls an Moorwurzeln oder Steinen befestigt werden können, vervollständigen die Aquariengestaltung vorteilhaft.

Für Arten, die sowohl im Wasser als auch auf dem Lande leben, gibt es viele Spezialformen des Aquaterrariums, das in sehr großer Ausführung als Paludarium (Sumpfaquarium) auch optisch sehr attraktiv ist. Die Aquaterrarien für Schwanzlurche können hier nur in einigen grundsätzlichen Formen vorgestellt werden. In der Regel sind sie nicht allzu hoch, 20 bis 40 cm, und haben eine Länge von 40 bis 80 cm und eine Breite von 30 bis 60 cm. Der Anteil der Landfläche ist abhängig von der zu haltenden Tierart. Um den Wasserraum optimal zu nutzen, wird der Landteil in Form eines Bordes im Niveau der Wasserfläche eingeklebt. Durch Auflage von

Rindenstücken, Wurzeln und Steinplatten entstehen Verstecke. Über Rankenpflanzen, die ins Wasser reichen (etwa Quellmoos, Mexikanisches Eichenblatt, Pfennigkraut oder Philodendron) ist der Landteil gut zugänglich. Ebenso können aus dem Wasser reichende Moorwurzeln die Brücke zum Land herstellen.

Eine andere Möglichkeit besteht darin, den Tieren einen Landaufenthalt mittels einer Schwimminsel aus Zierkork, Schaumstoff oder anderem schwimmenden Material zu ermöglichen. Auch dabei ist die Zugänglichkeit zu beachten. Denn allzu steile Ufer können nicht überwunden werden.

Bei niedrigem Wasserstand (bis 15 cm) kann im Aquaterrarium eine Insel aus Stein, Wurzeln oder Kunststoff aufgebaut werden. Eine Bepflanzung mit Sumpfpflanzen, abgedeckt mit Rindenstükken, oder ein Epiphytenast über dem Wasser sind zwar für die Tiere nicht notwendig, erhöhen aber den ästhetischen Reiz. Das natürliche Biotop des Tieres sollte dabei aber im Auge behalten werden.

Aquaterrarium mit größerem Landteil, seitlichem Lüftungsschlitz und Trennscheibe Wasser/Land; kann auch in großer Ausführung als Paludarium gestaltet werden

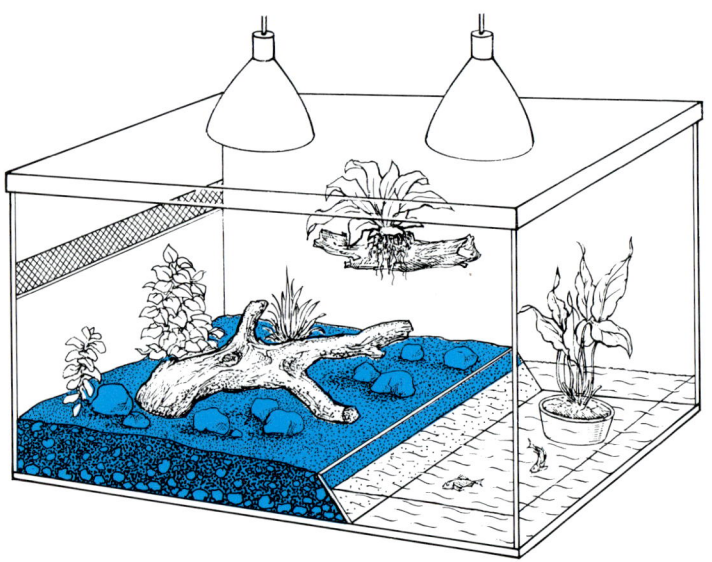

Stapelbare Terrarienanordnung mit einem Flachwasseraquarium (oben) und einem Feuchtterrarium (unten). Die Frontscheibe mit Magnetverschlüssen ist herunterzuklappen.

Eine weitere Form der technischen Gestaltung eines Aquaterrariums ist der Einbau einer schräg eingeklebten Trennscheibe, auf die man mit ungiftigem Klebstoff kleine Steine aufklebt, um sie für den Übergang vom Wasser zum Land griffig zu machen. Dabei sind der Tierart entsprechend die Anteile Wasser/Land variabel.

Das Gebirgsbachterrarium stellt eine Sonderform des Aquaterrariums dar. Die Rückwand sollte mit Steinplatten oder einer entsprechenden Imitation gestaltet werden, ebenso eine Uferseite. Der Boden des Wassergrundes wird mit unterschiedlich großen Kieselsteinen bedeckt. Lose aufliegende Steinplatten bringen direkten Kontakt zur Landseite. Viele Arten, wie Gebirgsmolche der Gattung *Batrachuperus, Euproctus, Neurergus, Paramesotriton* oder *Pachytriton*, benötigen neben einem kühlen Standort einen Wasserumlauf. Dazu wird eine aus der Aquaristik bekannte Motorumwälzpumpe an den Wasserteil des Aquaterrariums angeschlossen, so daß die über Steine gelegte Zuleitung einen ständigen Wasserfluß gewährleistet.

Dieser Terrarientyp ist für Tiere gedacht, die keinen ausgesprochenen Wasserteil benötigen oder zur Fortpflanzungsphase in ein Flachwasseraquarium umgesetzt werden. Das ist technisch für Arten mit kühler Winterruhe bei 2 bis 4 °C gut möglich.

Auch für Salamander eignen sich geklebte Glasbehälter mit größerer Grundfläche und einem Lüftungsschlitz. Lediglich die Schleuderzungensalamander der Gattung *Bolitoglossa* sollte man besser in hochformatigen epiphytenbewachsenen Terrarien halten.

Salamanderterrarien kann man zum besseren Hantieren auch mit einer herunterklappbaren Frontscheibe versehen. Überhaupt ist die Handhabbarkeit ein wesentlicher Gesichtspunkt, denn peinlichste Sauberkeit ist eine Voraussetzung für erfolgreiche Molchpflege. Deshalb ist es auch ratsam, von Gesellschaftsterrarien abzu-

Waldsalamanderterrarium mit klappbarer Front- und Deckscheibe, Magnetverschlüssen, seitlichem Lüftungsschlitz, Feuchtstelle in der Drainage. Rückwand mit Korktapete beklebt

gehen und die Arten getrennt zu pflegen. Durch direkten Kontakt übertragen sich auch giftige Hautsekrete, woran unsere Pfleglinge sterben können.

Der Bodengrund des Terrariums sollte aus einer 5 cm dicken Schicht Buchenlaub, Eichenmulm oder Torf bestehen, auf die eine lose Auflage aus Moos, Rindenstücken, Ästen und Steinplatten gelegt wird. Für viele Höhlenbewohner sind dünne »Rollrinden« von Buchenstämmen optimale Verstecke. Zur Reinigung kann die Bodenschicht nach 2 bis 3 Monaten vollständig ausgetauscht werden. Rinde oder Steinplatten lassen sich leicht abbürsten. Völlig synthetische Unterlagen aus Schaumgummi u. ä. sind öfter gründlich auszuwaschen, da diese Stoffe giftige Exkremente an der Oberfläche stauen, so daß die Tiere fast ständigen Kontakt damit haben. Pflanzen können im Töpfchen, mit Moos abgedichtet, eingesetzt werden, aber auch ein Epiphytenast ist optisch attraktiv.

Für manche Arten muß ein Wassergefäß eingebracht werden, das aber keinen zu steilen Rand haben darf. Die innere Oberfläche wird zur besseren Zugänglichkeit mit grauem Silikonkautschuk bestrichen und mit Sand bestreut. So verhindert man am sichersten das Ertrinken von Landsalamandern. Wird dagegen im Terrarium nur eine Feuchtstelle benötigt, so ist das Einbringen einer Drainageschicht zuunterst aus grobem Kies erforderlich. Darauf kommt dann die Buchenlauberdeschicht, die an einer Stelle in einer Vertiefung ausgespart wird. So lassen sich durch Auflage von Rinde feuchte Höhlungen zur Eiablage für Landsalamander der Gattungen *Salamandrina, Ranodon* oder *Aneides* schaffen.

An dieser Stelle sei noch ein Behälter erwähnt, der vor allem zur Aufzucht von Jungtieren unentbehrlich ist, das Tradescantia-Glas, das von dem Magdeburger Molchzüchter Wolterstorff regelrecht zu »Weltruhm« gebracht wurde. In ein kleines Glasgefäß werden einige Ranken Tradescantia gegeben und mit Wasser öfter befeuchtet. Die Pflanze bewächst bald den ganzen Behälter, und dieser bietet mit seinem stabilen Mikroklima das zur Aufzucht junger Molche und Salamander denkbar günstigste Milieu.

Zur Aufzucht von Larven und Jungtieren eignen sich darüber hinaus auch flache Haushalt-Plastikgefäße, die einen perforierten Deckel bekommen. Solche Gefäße werden auch zum Transport der Tiere verwendet.

Mit dieser kurzen Übersicht soll das Problem der Unterbringung unserer Pfleglinge keineswegs abgeschlossen sein. Entsprechend detailliertere Hinweise werden noch bei verschiedenen Arten gegeben. Wichtig ist für alle Lurchformen, daß das Aquarium bzw. Terrarium ausreichend Bewegungsspielraum gewährt und den jeweiligen Ansprüchen der Tiere entsprechend so optimal wie möglich ausgestattet ist.

Für eine gesunde Entwicklung unserer Molche und Salamander ist die Einhaltung einer Winterruhe wichtig. Das geschieht bei manchen Arten, z. B. Axolotl und Rippenmolch, einfach im Wasser, im Aquarium bei Temperaturen von 6 bis 8 °C. Andere Formen (Landsalamander) überführt man in eine Überwinterungskiste. Diese kann relativ klein sein, muß aber einen gut schließenden Deckel mit Luftlöchern besitzen. Die Kiste wird locker mit Walderde, Eichenmulm und Torfmull, durchsetzt von einigen Rindenstückchen, oder auch mit Moos gefüllt und in einem ungeheizten, aber frostsicheren Raum oder Keller bei Temperaturen von 6 bis 10 °C aufgestellt. Die Tiere vergraben sich nach einiger Zeit und werden in dieser Periode (etwa 2 bis 4 Monate) nicht gefüttert. Lediglich die notwendige Feuchtigkeit ist von Zeit zu Zeit zu kontrollieren (Feuchtigkeit, nicht Nässe!).

Stehende Nässe in der Überwinterungskiste führt zum Verlust der Tiere. Gegebenenfalls muß also die Kiste gelüftet oder leicht befeuchtet werden.

In der Molchaufzucht hat sich in den letzten Jahren durchgesetzt, für terrestrisch lebende Jungtiere geringer Körperlänge (25 bis 40 mm) eine Bodenstreukiste einzurichten. Dieser nicht allzu große Behälter von 15 bis 20 cm Höhe enthält eine mit vielen Bodenarthropoden angereicherte Walderdeschicht und wird durch einen gut sitzenden Deckel mit einigen kleinen Luftlöchern (diese sind kleiner als der Durchmesser der Jungmolche!) verschlossen. In den Bodengrund werden zusätzlich Asseln, Springschwänze, Enchyträen und 2 bis 3 Regenwürmer eingesetzt. In diesem Milieu wachsen die Jungmolche bis zum kommenden Frühjahr heran und werden dann in ihr entsprechendes Terrarium umgesetzt. Eine Zufütterung oder Befeuchtung in dieser Zeit ist bei Temperaturen von 10 bis 18 °C im Tagesgang nicht notwendig.

Für einige Arten ist auch eine Überwinterung im Gemüsefach eines Kühlschrankes möglich. Zu diesem Zweck werden Plastikdosen mit Luftlöchern versehen, mit befeuchtetem Schaumstoff gefüllt und die Tiere einzeln oder in kleinen Gruppen 2 bis 3 Monate eingestellt.

Vor der Überwinterung müssen die Schwanzlurche ihren Darm entleert haben, damit nicht Nahrungs- und Kotreste in Fäulnis übergehen und sich toxische Stoffe in den Tieren bilden. Eine wöchentliche Kontrolle auf Feuchtigkeit und Gesundheitszustand ist angebracht. Sind die Tiere zu dünn geworden oder verfallen in Krämpfe (Mangelerscheinungen), ist die Winterruhe abzubrechen. Dazu werden die Tiere schrittweise innerhalb von 2 bis 4 Tagen auf ihre Normaltemperatur und -feuchte gebracht. Landsalamander kann man außerdem täglich baden. Meist setzt bald danach die erste Häutung ein, und auch vorsichtig angebotene Nahrung wird gefressen. Diese Vorgänge können bei vielen Arten mit einem Biotopwechsel (Terrarienwechsel) verbunden sein. Beinahe automatisch werden dadurch Paarungsspiele angeregt und Fortpflanzungsvorgänge eingeleitet, so daß man auf hormonelle Stimuli verzichten kann, um Nachzuchten zu erzielen.

Ein Speiseplan für Molche

Ausreichend und vor allem abwechslungsreich sollte das Futterangebot für unsere Schwanzlurche sein. Die Beschaffung wird zum Problem, wenn man bedenkt, daß die Palette der Futtertiere von Kleinkrebsen für Molchlarven bis zu neugeborenen Mäusen für Axolotl reicht. Da ist schon eine sinnvolle Auswahl der zu haltenden und zu züchtenden Terrarientiere geboten.

Der Futtertierfang mit Kescher und Spaten ist vom Frühjahr bis zum Spätherbst möglich und garantiert die nötige Abwechslung im Speiseplan unserer Lurche. Wir sollten unsere Jagd dabei aber auf Futtertierarten beschränken, die in genügendem Maße vorkommen, damit der Fauna durch die Entnahme keine größeren Schäden zugefügt werden. So ist z. B. das Verfüttern von Amphibien und deren Larven abzulehnen, da wir doch gerade auch diese Vertreter unserer heimischen Fauna schützen müssen. Der Fang von Futterfischen in den dafür zugelassenen Gewässern ist meist nicht ökonomisch. Unter den Wirbellosen haben Schnecken, Ringelwürmer und Gliedertiere eine vorrangige Bedeutung als Futtertiere.

Man kann kleine Nacktschnecken unter Steinen, faulendem Holz und an Pflanzen sammeln, die Tiere lassen sich aber auch über mehrere Tage bevorraten, wenn man sie kühl stellt und in das Glas einige Futterpflanzen gibt. Nacktschnecken stellen ein hochwertiges Futter für alle landlebenden Formen der Molche und Salamander dar.

Drei Arten von Ringelwürmern sind als Futtertiere hervorzuheben, die Schlammröhrenwürmer (Tubifex), die Enchyträen und die Regenwürmer. Tubifex finden sich im Schlamm von Gewässern. Man entnimmt den Schlamm mit den Würmern und baut daraus am Ufer Kegel auf, die in der Sonne trocknen. Nach Stunden bzw. Tagen kann man dann aus dem Kern der Kegel die Würmer entnehmen. In fließendem Wasser halten sich die Tiere viele Tage lang am Leben. Die Enchyträen leben in verrottetem Kompost. Man kann sie in Komposthaufen durch wassergefüllte Blumentöpfe anködern, an deren Außenrand sie sich bevorzugt sammeln. Als Universalfutter für nahezu alle Lurcharten kann man die Regenwürmer bezeichnen, die beim Umgraben im Garten meist reichlich zu finden sind. Auch sie können in kühl stehenden, mit Kompost gefüllten Kisten über den Winter bevorratet und gezüchtet werden. Die roten Mistregenwürmer *(Eisenia)* eignen sich nicht als Futter, da sie einen übelriechenden Schleim absondern und darum von den Lurchen gemieden werden.

Viele Gliedertiere eignen sich für die Molchernährung. Die aquatilen Urodelen bzw. die Lurchlarven leben von Kleinkrebsen aller Art. Mit Wasserkeschern fängt man sich z. B. Wasserflöhe, Ruderfußkrebse, Bachflohkrebse, Wasserasseln u. a. Dieses Futter läßt sich aus den verschiedensten Gewässern beschaffen. Ferner kann man in den Frühjahrs- und Sommermonaten massenhaft Mückenlarven erbeuten. Sie sind ein qualitativ wertvolles Futter und stellen im natürlichen Biotop die Hauptnahrung der einheimischen Molche dar.

Landasseln leben unter Steinen, Rinden und unter Laub und werden von Salamandern gern gefressen. Eine Zucht ist auch hier sehr ergiebig. In den Sommermonaten mit dem Streifsack (Leinenkescher) gefangene Insekten und Spinnen vervollständigen den Speisezettel der landlebenden Molche und Salamander.

Die Futtertierzucht garantiert das ganze Jahr über eine stabile Versorgung der Terrarientiere. Sie stellt eine wichtige Ergänzung der natürlichen Nahrungsquellen dar und gestattet dem Terrarianer eine ökonomische Einteilung seines Zeitfonds. Die Pflegearbeiten und Futterbeschaffung sollen so wenig Zeit wie möglich beanspruchen, damit die Terrarientiere dafür um so länger beobachtet und studiert werden können.

Zur Zucht von Futtertieren gibt es eine breite Palette von Anleitungen. Für Molche und Salamander eignen sich besonders Würmer, Krebse, Schmetterlinge, Käfer und Kleinsäugerfleisch zur Ernährung.

Unter der Sammelbezeichnung Enchyträen werden mehrere Arten zusammengefaßt. Am bekanntesten ist *Enchytraeus albidus* mit einer Länge von 20 bis 36 mm. Diese Art ernährt sich von zerfallenden pflanzlichen Stoffen und wird am besten in kleinen Holzkisten oder größeren Blumentöpfen gezüchtet, die mit einem Gemisch aus Sand und Humuserde gefüllt sind. Das Futter, ausgequollene Haferflocken, gedünstetes Gemüse bzw. Gemüsereste, gebrühte Grünpflanzen aller Art, gibt man auf die Erdoberfläche und legt ein Brettchen darauf. Nach drei Tagen werden nichtverbrauchte Futterreste entfernt, was für alle Futtertierzuchten gilt! Die Würmer kommen zur Nahrungsaufnahme an die Oberfläche und können entnommen werden. Das Temperaturoptimum für Enchyträen liegt mit 12 °C relativ niedrig.

Zur Regenwurmzucht (häufig wird *Lumbricus terrestris* verwendet) eignen sich mit Blech ausgeschlagene Holzkisten, alte Regentonnen, ausgediente größere Kochtöpfe oder größere Plastikgefäße aller Art. Die Grundfläche sollte etwa 70 cm × 40 cm betragen bzw. der Durchmesser 50 cm, eine Höhe von mindestens 30 cm ist vor-

»Kellerkiste«

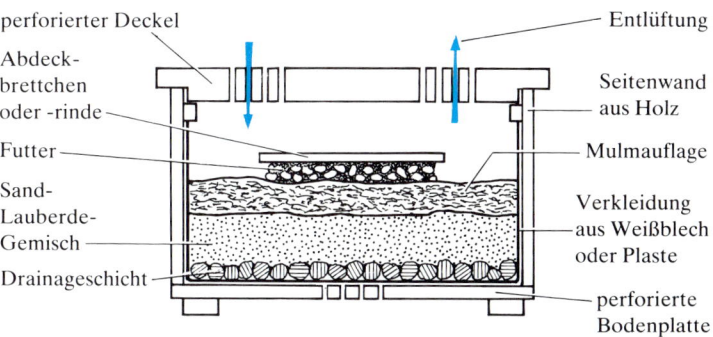

perforierter Deckel
Abdeck-
brettchen
oder -rinde
Futter
Sand-
Lauberde-
Gemisch
Drainageschicht

Entlüftung
Seitenwand
aus Holz
Mulmauflage
Verkleidung
aus Weißblech
oder Plaste
perforierte
Bodenplatte

teilhaft. In der Praxis hat sich die sogenannte Kellerkiste gut bewährt. Hier wird die Regenwurmzucht mit einer Asselzucht kombiniert, d. h., Kellerasseln *(Porcellio scaber)*, Mauerasseln *(Oniscus asellus)* oder Kugelasseln *(Armadillidium)* werden zugesetzt. Die Kiste erhält eine Drainageschicht aus Kies, dann ein Gemisch aus Lauberde und Sand und als dünne Deckschicht Mulm. Unter ein lose aufliegendes Brettchen gibt man einmal wöchentlich das Futter, ausgequollene Haferflocken, gekochte Kartoffeln oder Gemüsereste. Dieser Ansatz »produziert« das ganze Jahr über Futtertiere.

Eine ausgezeichnete Futterquelle für viele Molche und Salamander ist die Zucht der großen Wachsmotte *(Galleria melonella)*, die kontinuierlich und ergiebig erhalten werden kann. Die Tiere werden in 1 bis 2 l fassenden Gefäßen bei Temperaturen von 28 bis 30 °C gehalten. Sie ernähren sich von alten Bienenwaben. Da diese oft schwer beschaffbar sind, füttert man am besten ein Gemisch aus Honig, Glycerin, Trockenhefe, Kleie, Milchpulver, Mehl und Grieß und setzt einige Tropfen eines Multivitaminpräparates zu. Die Larven suchen zur Verpuppung ein anderes Milieu auf. Zu diesem Zwecke liegen Wellpappestreifen im Zuchtglas, in die sich die Tiere verkriechen und die man zum Verfüttern wieder entnimmt. Auf diese Weise können auch leicht neue Zuchtgläser besetzt werden.

Die Zucht der Mehlkäfer *(Tenebrio molitor)* ist bei Temperaturen von 25 bis 28 °C optimal. Die Zuchtbehälter (Holzkisten oder ausgediente Aquarien) sollten mit einem festsitzenden Gazerahmen verschlossen sein, der eine gute Belüftung des Gefäßes garantiert, da die Mehlkäferzucht sonst leicht von lästigen Milben befallen wird, die dann auch in die Lurchterrarien eingeschleppt werden können. Den Zuchtbehälter füllt man mit einem Gemisch aus Kleie, Sägespänen und Wellpapperesten. Futter wird einmal wöchentlich auf das Substrat gegeben. Dazu eignen sich Brot-, Obst-, Gemüsereste und Haferflocken, in bzw. auf ein gefaltetes Leinentuch gelegt. Hier sammeln sich zur Nahrungsaufnahme die Mehlwürmer (Larven des Mehlkäfers) und können entnommen werden. Nach jeder Häutung sind die Mehlkäferlarven weiß und weich; viele landlebende Terrarienbewohner fressen sie gern. Ebenso lassen sich verschiedene Arten des Reismehlkäfers *(Tribolium)* züchten, deren kleine Larven ein ausgezeichnetes Futter für die Jungtieraufzucht sind.

Für größere Molcharten ist in Streifen geschnittenes Fleisch von

Rind und Schwein (Muskel, Herz, Leber) eine gute Vervollkomm-
nung des Speisezettels. Auch neugeborene Mäuse werden gern genommen und stellen ein besonders hochwertiges Futter dar.

Man sollte immer bemüht sein, die Fütterung der Molche und
Salamander so abwechslungsreich wie möglich zu gestalten. Gibt
man den Tieren ausschließlich Mehlwürmer oder Wachsmottenlarven, können Mangelerscheinungen auftreten, die Krankheiten Vor-
schub leisten; die Widerstandskraft der Tiere wird geschwächt.

Vorbeugend empfiehlt es sich, die Futtertiere mit Multivitamin-
und Kalkpräparaten zu versehen. Man kann beispielsweise Mehl-
oder Regenwürmern Vitaminpräparate oder Hühnereigelb injizie-
ren. Ebenso werden häufig Grillen, Wanderheuschrecken und Asseln mit Spurenelementemischungen aus der Tierzucht eingepu-
dert, so daß Kalkmangelkrankheiten ausgeschlossen werden.
Derartige Zusätze sollte man dosiert, evtl. 1- bis 2mal im Monat geben. Um einen Überblick über die Futteransprüche der Terrarientiere zu erhalten, werden Tiergruppen in Futterlisten erfaßt. Dabei
gehen die Erfahrungen der einzelnen Terrarianer meist weit auseinander, und es wäre falsch, starr an diesem Futterschema festzuhalten. Dem Anfänger soll es lediglich zur Orientierung dienen.

I. Wasserlebende Molche
(kleine Arten),
z. B. *Cynops pyrrhogaster,
Triturus vulgaris*

zerschnittene Regenwürmer,
Tubifex, Enchyträen, Mückenlarven, Wasserflöhe, Säugetierfleisch, in kleine Längsstreifen
geschnitten

II. Wasserlebende Molche
(große Arten),
z. B. *Pleurodeles waltl,
Siredon mexicanum,
Andrias davidianus*

Regenwürmer, Tubifex, neugeborene Mäuse, Säugetierfleisch,
in Streifen geschnitten

III. Molche in oder an
fließenden Gewässern,
z. B. *Desmognathus fuscus,
Hynobius keyserlingii*

Wasserflöhe, Bachflohkrebse,
Mücken- und Köcherfliegenlar-
ven, kleine Regenwürmer,
Tubifex

IV. Landlebende Salamander,
z. B. *Ambystoma maculatum,
Salamandra salamandra,
Mertensiella caucasica*

Regenwürmer, Nacktschnek-
ken, Asseln, Enchyträen,
Wachsmottenlarven, Mehl-
würmer, Wiesenplankton

Die Pest

Erkrankungen unserer Pfleglinge sind auch bei bester Haltung nicht immer ausgeschlossen, wohl aber in den meisten Fällen vermeidbar.

Handelt es sich um mechanische Verletzungen durch falsche Terrarieneinrichtung oder um Bißwunden nach Futterstreitigkeiten, wird das Tier am besten einzeln gehalten, zeitweise in hellroter Kaliumpermanganatlösung gebadet und mit gutem Futter versehen. Man kann die verletzten Stellen auch mit jodhaltigen Präparaten bepinseln. Sind Gliedmaßen schwer beschädigt, ist die Amputation mit einer scharfen Schere ratsam. Das hohe Regenerationsvermögen vieler Schwanzlurcharten läßt amputierte Gliedmaßen erstaunlich schnell vollständig wieder nachwachsen. Bei Landsalamandern werden oft Häutungsschwierigkeiten beobachtet. Die Ursachen dafür liegen in falscher Haltung (zu trocken oder stauende Nässe) oder in falscher Ernährung (Vitaminmangel). Hier helfen Bäder in klarem Wasser und vorsichtiges Abziehen der anhaftenden Hautfetzen. Gleichzeitig kann dem Futter (z. B. Regenwurm) ein Multivitaminpräparat injiziert werden. Meistens sind die Pfleglinge bei derartigen Symptomen zu retten. Dagegen endet die Molchpest fast immer tödlich. Als Molchpest werden viele Krankheitserscheinungen bezeichnet, deren Ursachen noch weitgehend ungeklärt sind. Sie wird durch zu hohe Temperaturen und mangelhafte Ernährung begünstigt. Das auffälligste Symptom ist der Hautzerfall, wobei eitrige Flüssigkeit aus den betroffenen Stellen austritt. Diese geschwürartigen Stellen kündigen sich meist durch dunkle Knoten an, die aus der Haut herausbrechen. Im Terrarium herrscht ein typischer käseartiger Geruch. Oft erfaßt diese Krankheit einen großen Teil des Tierbestandes auf einmal. Man kann versuchen, mit Kaliumpermanganatlösung, pilzhemmenden Bädern und vor allem mit Multivitaminpräparaten zu helfen. Nach aufgetretener Molchpest muß der Behälter vor einer Neubesetzung gründlich gesäubert und desinfiziert und die gesamte Inneneinrichtung erneuert werden.

Andere Hautschäden können auftreten, wenn die pH-Werte des Wassers oder im Landteil (Zement im Terrarium!) nicht optimal sind. pH-Werte zwischen 5 und 9 werden im allgemeinen gut vertragen.

Ferner können unsere Schwanzlurche an einer großen Anzahl innerer Krankheiten leiden, die für den Laien schwer zu diagnostizieren sind. Die Amphibientuberkulose ist relativ selten. Sie ist durch Knötchenbildung auf der Haut und durch Bewegungs- und Freßunlust erkenntlich. Ursachen dafür liegen in Infektionen, die wiederum durch falsche Haltungs- und Ernährungsbedingungen begünstigt werden. Eine Heilung ist in diesem Falle nicht möglich. Man sollte die Tiere schmerzlos abtöten, um ein Übergreifen der Krankheit auf andere Terrarieninsassen zu vermeiden. Auch hier sind Desinfektion und Neueinrichtung des Beckens ratsam.

Infektionen durch Parasiten (vorwiegend Trematoden und deren Larven), die vorzugsweise im Darmtrakt, in der Mundhöhle, der Lunge, der Harnblase und in der Cerebrospinalflüssigkeit leben, schwächen die Tiere derart, daß sie eingehen.

Eine ebenfalls noch weitgehend unbekannte Krankheit, eine Stoffwechselerkrankung, ruft Schwellungen in Form von Ödemen hervor. Die Gliedmaßen und der Körper erscheinen von Wasser stark aufgetrieben. Die Ursache ist unter anderem in Vitaminmangel und schlechten Haltungsbedingungen zu suchen. Meist sind damit aber noch Erkrankungen des Lymph- und Exkretionssystems verbunden, so daß man die Symptome nicht nur auf einen einzigen Faktor oder Erreger zurückführen kann. Tumore und Karzinome sind ebenfalls häufige Todesursachen. Die Wucherungen können in der Haut oder in den Organen liegen und manchmal erst nach Jahren zum Tode führen. Bekannt sind besonders bei Weißlingen des Axolotls die Hautmelanome, deren Erblichkeit immer noch fraglich ist. Operative Eingriffe sind für den Laien nicht ratsam.

Tabelle 1:
Übersicht über die häufigsten Erkrankungen der Schwanzlurche

Erkrankung	Ursache/Symptome	Behandlung
1. Infektionskrankheiten		
Tuberkulose	meist mangelnde Ernährung, selten als Sekundärerscheinung; Trägheit, Abmagerung, Hautgeschwüre	optimale Haltung, Multivitaminpräparate über Futtertiere, kurzzeitig Sonnenlicht

Erkrankungen	Ursache/Symptome	Behandlung
Redleg-Seuche	Infektion mit *Aeromonas hydrophilus*, Massenvermehrung bei Haltungsfehlern; Trägheit, Blutansammlung unter der Haut des Bauches und der Hinterbeine	Gabe von Chloramphenicol (100 mg/kg KM) über Futtertiere
Verpilzung	meist als Sekundärinfektion bei Mangel oder Verletzungen; Augentrübung, Pilzmantel	Bad in rosafarbener Kaliumpermanganatlösung oder Malachitgrünlösung (1 : 1 500)
Kiemenverpilzung	häufigste Pilzerkrankung (*Saprolegnia*-Arten) bei Larven und neotenen Alttieren	Bad in rosafarbener Kaliumpermanganatlösung oder Malachitgrünlösung (1 : 1 500)
Wassersucht	Mangelerscheinung, Tumorbildung im Urogenitalbereich; Flüssigkeitsansammlung in subcutanen Lymphräumen und unter der Haut	Futter und Haltung ändern, Punktierung mit steriler Nadel (Kanüle)

2. Parasitierung

Erkrankungen	Ursache/Symptome	Behandlung
Protozoeninfektion der Haut	Befall mit *Oodinium*, *Trichodina* und *Carchaesium*; Hauttrübung, weiße Pusteln, grauer Belag der Kiemen und Haut	Bad in rosafarbener Kaliumpermanganatlösung
Hautcysten	Befall mit *Dermoceptidium*	unbekannt
Wurmbefall	Infektion mit Cestoden, Trematoden oder Nematoden; allgemeine Trägheit, Abmagerung, Gleichgewichtsstörungen	Untersuchung des Kotes, Bestimmung freigesetzter Würmer durch Fachmann; Fütterung von Wurmpräparaten nach Konsultation eines Veterinärs

Erkrankung	Ursache/Symptome	Behandlung

3. Stoffwechselkrankheiten

Erkrankung	Ursache/Symptome	Behandlung
Rachitis	gestörter Kalk- und-Phosphatstoffwechsel; Rückgratverkrümmungen (Buckel am Becken)	Gabe von Vitamin-D_3- und Kalkpräparaten über das Futter, kurzzeitig Sonnenlicht
Entwicklungsstörungen	genetische Defekte; Mangelerscheinungen	–
Jodmangel	Schilddrüsenunterfunktion; Riesenlarven, Metamorphoseschwierigkeiten	Futter abwechslungsreich
Krämpfe	Mangelerscheinung, oft nach Winterruhe; Störungen im Calcium- und Eiweißstoffwechsel	Winterruhe beenden, sonst Bäder in Vitaminlösung, Zwangsfütterung

4. Sonstige Krankheiten

Erkrankung	Ursache/Symptome	Behandlung
Molchpest	unbekannt; Bewegungsunlust, Hautpusteln	Bad in Vitaminlösung und rosafarbener Kaliumpermanganatlösung
Fettleber	Haltungsfehler; aufgetriebener Leib	unbekannt
Tumore	unterschiedlich, teilweise Vireninfektion; Befall von Organen, Bildung von Helanomen und Papilomen der Haut	unbekannt
Häutungsstörungen	Haltungsfehler; Hautfetzen hängen von Körper und Beinen, Knotenbildung	Bäder in Multivitaminpräparaten, Entfernen der Hautfetzen, Veränderung der Haltung
Vergiftungen	Haltungsfehler; Bewegungsunlust, krampfartige Zuckungen, Lähmungserscheinungen	Haltung verändern, Baden

Erkrankung	Ursache/Symptome	Behandlung
mechanische Verletzungen	Haltungsfehler; Beine oder Kiemen angebissen, fehlend, Schnittwunden	Einrichtung ändern, Tiere der Größe nach sortieren, Wunden mit Bädern behandeln (Kamille, Lebertran, Kaliumpermanganat)

Systematischer Überblick

Die Ansichten über die systematische Stellung einzelner Arten und Gattungen gehen auch heute noch weit auseinander. Die Ordnung der Schwanzlurche (Caudata, Urodela) wird aufgrund ihrer Anatomie und Biologie in niedere Formen (Cryptobranchidae und Hynobiidae) und in höhere Formen (restliche Familien) eingeteilt. Man unterscheidet grundsätzlich 9 Familien, denen sich über 200 Arten zuordnen lassen.

Zwischen der regionalen Verbreitung der Schwanzlurche und ihrer systematischen Einteilung besteht kein Zusammenhang. Schwanzlurche sind über die gesamte Nordhalbkugel unserer Erde verbreitet und bevorzugen auch in den tropischen und subtropischen Regionen Örtlichkeiten, die ein kühles und feuchtes Milieu aufweisen. Das Großklima des Verbreitungsareals muß nicht mit den speziellen Anforderungen der Tiere an ihre Umweltbedingungen übereinstimmen. Das Mikroklima des Biotops ist ausschlaggebend für das Überleben der Tiere. So finden wir die Schwanzlurche sowohl in den tropischen Zonen Mittelamerikas als auch in den gemäßigten Breiten Europas oder an der Dauerfrostgrenze Sibiriens. Aus der Kenntnis des Lebensraumes kann der Pfleger am besten Schlüsse zur optimalen Pflege seiner Tiere ziehen.

Zum besseren Verständnis soll ein kurzer systematischer Überblick gegeben werden, der die wichtigsten Gattungen der Schwanzlurche zusammenfaßt.

Ordnung Caudata

Familie:	Ambystomatidae (Querzahnsalamander)	
Gattungen:	*Ambystoma*	27 Arten
	Rhyacosiredon	4 Arten
Familie:	Amphiumidae (Aalmolche)	
Gattung:	*Amphiuma*	3 Arten
Familie:	Cryptobranchidae (Riesensalamander)	
Gattungen:	*Andrias*	2 Arten
	Cryptobranchus	1 Art
Familie:	Dicamptodontidae (Riesenquerzahnmolche)	
Unterfamilie:	Dicamptodontinae	
Gattung:	*Dicamptodon*	3 Arten
Unterfamilie:	Rhyacotritoninae	
Gattung:	*Rhyacotriton*	1 Art
Familie:	Hynobiidae (Winkelzahnmolche)	
Gattungen:	*Batrachuperus*	6 Arten
	Hynobius	18 Arten
	Liuia	1 Art
	Onychodactylus	2 Arten
	Pachyhynobius	1 Art
	Pachypalaminus	1 Art
	Paradactylodon	1 Art
	Ranodon	2 Arten
	Salamandrella	1 Art
Familie:	Plethodontidae (Lungenlose Salamander)	
Unterfamilie:	Desmognathinae	
Gattungen:	*Desmognathus*	11 Arten
	Leurognathus	1 Art
	Phaeognathus	1 Art
Unterfamilie:	Plethodontinae	
Gattungen:	*Aneides*	5 Arten
	Batrachoseps	8 Arten
	Bolitoglossa	67 Arten
	Bradytriton	1 Art
	Chiropterotriton	9 Arten
	Dendrotriton	5 Arten

	Ensatina	1 Art
	Eurycea	11 Arten
	Gyrinophilus	2 Arten
	Haideotriton	1 Art
	Hemidactylium	1 Art
	Hydromantes	5 Arten
	Lineatriton	1 Art
	Nototriton	6 Arten
	Nyctanolis	1 Art
	Oedipina	16 Arten
	Parvimolge	1 Art
	Plethodon	27 Arten
	Pseudoeurycea	25 Arten
	Pseudotriton	2 Arten
	Stereochilus	1 Art
	Thorius	9 Arten
	Typhlomolge	2 Arten
	Typhlotriton	1 Art
Familie:	Proteidae (Olme)	
Gattungen:	*Necturus*	5 Arten
	Proteus	1 Art
Familie:	Salamandridae (Salamander)	
Gattungen:	*Chioglossa*	1 Art
	Cynops	7 Arten
	Euproctus	3 Arten
	Mertensiella	2 Arten
	Neurergus	4 Arten
	Notophthalmus	3 Arten
	Pachytriton	1 Art
	Paramesotriton	5 Arten
	Pleurodeles	2 Arten
	Salamandra	2 Arten
	Salamandrina	1 Art
	Taricha	3 Arten
	Triturus	12 Arten
	Tylototriton	7 Arten
Familie:	Sirenidae (Armmolche)	
Gattungen:	*Pseudobranchus*	1 Art
	Siren	2 Arten

Die Vorstellung aller Gattungen und Arten ist im Rahmen dieses Buches natürlich nicht möglich. Es sollte vielmehr nur ein Überblick über die wichtigsten Vertreter, die auch in der Terraristik bekannt sind, gegeben werden, so daß Interessierte in der Lage sind, sich selbständig Literatur und Wissen zu erarbeiten.

Die Schwanzlurche Mittel- und Nordamerikas

Die größten Vertreter der amerikanischen Lurchfauna sind die Nordamerikanischen Riesensalamander aus der Familie der Cryptobranchidae. Sie bevorzugen schnell fließende, sauerstoffreiche Gewässer, die Temperaturen zwischen 12 und 18 °C aufweisen. In ihrer Heimat auch als »Schlammteufel« oder »Hellbender« bezeichnet, führen sie ein räuberisches Leben und erbeuten Krebse, Wasserinsekten, Würmer, Fische und Lurche. Dabei wachsen Riesensalamander langsam. Exemplare von 75 cm Länge sind aber keine Seltenheit, die Lebenserwartung liegt bei 50 bis 75 Jahren.

Der Schlammteufel *(Cryptobranchus alleganiensis)* benötigt Aquarien mit 100 bis 200 cm Kantenlänge. Der Wasserstand sollte dabei 40 bis 60 cm betragen; ein Bodengrund ist nicht notwendig. Mit einigen Wurzeln und Steinen kann man attraktive Versteckmöglichkeiten schaffen. Robuste Wasserpflanzen sollten in Pflanzgefäße eingesetzt werden. Bei größerem Nahrungsumsatz im Sommer macht sich ein wöchentlicher Teilwasserwechsel erforderlich. Das ist besonders bei Temperaturen über 20 °C dringend angeraten.

Die Fortpflanzung der Riesensalamander erfolgt in den Monaten August/September. Das Männchen legt dazu auf dem Gewässergrund eine Brutgrube an, in die das Weibchen bis zu 500 Eier ablaicht. Danach schüttet das Männchen sein Sperma in Wolken über das kettenartige Gelege, so daß eine äußere Befruchtung der Eier erfolgt. Die Larven messen beim Schlupf etwa 30 cm und wandeln sich nach zwei Jahren zu fertig entwickelten Jungsalamandern um. Dabei werden die äußerlich sichtbaren Kiemen zurückgebildet. Die Sauerstoffaufnahme erfolgt nun größtenteils über die Lungen.

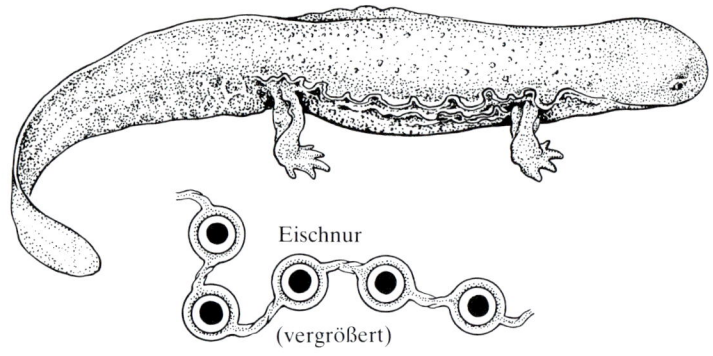

Eischnur

(vergrößert)

Das Weibchen des Nordamerikanischen Riesensalamanders legt seine Eier in einer perlschnurartigen Kette ab.

Die Familie der Querzahnsalamander (Ambystomatidae), die ihren Namen den in quergestellten Reihen stehenden Gaumenzähnen verdankt, ist für Nord- und Mittelamerika geradezu typisch. Zur Gattung *Ambystoma* gehört eine Fülle von Arten und Unterarten, die sich durch eine innere Befruchtung (mit Spermatophore) und eine kräftige Gestalt auszeichnen. Die Geschlechtsreife erreichen die Tiere im Alter von 4 bis 6 Jahren bei einer Körperlänge von 35 bis 50 cm. Zur Paarungs- und Ablaichzeit suchen sie ein Gewässer auf, in das sie Eier oder Larven absetzen. Am weitesten verbreitet ist der Tigerquerzahnsalamander *(Ambystoma tigrinum)*. Er ist von Südwestkanada bis Mexiko zu finden und mit 33 cm Länge der größte Landsalamander der Welt. Sein stämmiger Körper, die gelblich-olivfarbene Fleckung auf braunem bis braunschwarzem Grund und der wuchtige Kopf ließen diese Art zu einem sehr beliebten Terrarienpflegling werden.

Ambystoma tigrinum

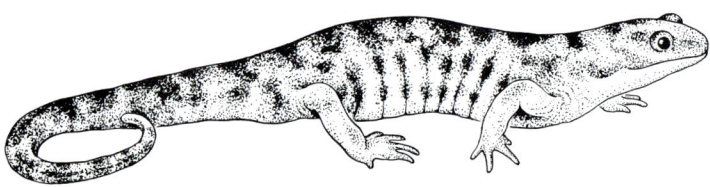

Die Haltung erfolgt in einem flachen Terrarium, das mit einer dicken Torferde-/Humusschicht (5 bis 10 cm) gefüllt wird. Als Versteck für die Tiere werden Rindenstücke, Wurzeln und hohle Äste eingebracht. Einige Pflanzenranken vervollständigen die Einrichtung. Gefüttert wird mit Laubregenwürmern, Asseln, Nacktschnecken und frischgeborenen Mäusen. Zur Fortpflanzung setzt man die Tiere nach einer Winterruhe von 2 bis 6 °C in ein Aquaterrarium um. Die Temperaturen wechseln hier im Tagesgang zwischen 18 und 26 °C, gefüttert wird zweimal wöchentlich. Nach erfolgreicher Paarung im Wasser legt das Weibchen bis zu 1 400 Eier einzeln oder in Klumpen an Wasserpflanzen ab, aus denen schon nach zwei Wochen die Larven schlüpfen. Massenzuchten dieser Larven dezimieren sich durch Kannibalismus sehr schnell.

Der Fleckenquerzahnsalamander (*Ambystoma maculatum*) ist nur im mittleren und östlichen Nordamerika anzutreffen. Er sieht mit seiner gelborangefarbenen Fleckung auf schwarzem Grund der vorher beschriebenen Art etwas ähnlich, wird aber höchstens bis zu 25 cm lang. Die Haltung der Tiere in einem Aquaterrarium bei Temperaturen von 17 bis 20 °C ist kein Problem, ebenso die Fortpflanzung, sofern man die Tiere kühl (bei etwa 10 °C) überwintert. Die Winterruhe mit nachfolgender Erwärmung auf etwa 20 °C reicht aus, das Paarungsspiel anzuregen. Die Paare führen zunächst ein Ringelspiel auf, wobei die Schnauze jeweils an der Kloake des Partners reibt. Dabei werden Geruchsstoffe aufgenommen, die die weitere Paarung stimulieren. Auf dem Höhepunkt des »Tanzes« gibt das Männchen eine Spermatophore ab, die das Weibchen in die Kloake aufnimmt. Die befruchteten Eier werden in Trauben dicht unter der Wasseroberfläche an dort befindliche Pflanzen oder Gegenstände angeheftet.

Ebenfalls im Osten Nordamerikas kommt der Marmorquerzahnsalamander (*Ambystoma opacum*), mit 13 cm Länge eine kleine Art, vor. Die Körperform der Tiere ist gedrungen. Auf dunklem Grund finden sich beim Männchen hellsilbrige Flecken (Schwanz-, Rükken- und Kopfoberseite), die beim Weibchen nicht so deutlich hervortreten.

Die Tiere werden in einem Waldsalamander-Terrarium gehalten. Dabei ist zu empfehlen, einen Bodengrund aus Flußsand (5 cm) und eine Torfauflage von 3 cm zu wählen. Rinde, Laub und Äste werden aufgelegt und eine Ecke so vertieft, daß der mit Wasser durchtränkte Sand eine Feuchtstelle freigibt. Deshalb sind Flach-

Schlammteufel oder Hellbender *(Cryptobranchus alleganiensis)* aus dem östlichen Nordamerika

terrarien von 80 (100) × 40 × 30 cm, abgedeckt mit einer Glasplatte, optimal. Der Temperaturbereich schwankt von 6 °C im Winter bis 26 °C im Sommer.

Im natürlichen Verbreitungsgebiet dieser Salamander können sich die Höhlungen bei Regen mit Wasser füllen. Dadurch verläuft die Entwicklung der Embryonen wesentlich schneller, so daß noch im Herbst die Larven schlüpfen. Im Terrarium muß man es also gegebenenfalls »regnen lassen«. Die Entwicklung verzögert sich bei fehlender Feuchtigkeit.

Zur Eiablage sucht das Weibchen die Feuchtstellen auf und legt dort bis zu 200 etwa 5 mm große Eier ab, die es sorgsam bewacht. Man sollte deshalb das Gelege im Terrarium belassen und erst kurz vor dem Schlupf in ein Flachwasseraquarium überführen. Dazu ist absolut weiches Wasser (am besten Aqua dest.) und eine Temperatur von 20 °C optimal. Nach wenigen Stunden schlüpfen die 17 mm langen Larven. Sie werden mit Nauplien und Cyclops angefüttert.

Axolotl *(Ambystoma mexicanum)*

Später fressen sie Tubifex und Enchyträen und wachsen auf eine Länge von 65 bis 70 mm heran, bevor nach 15 Wochen die Metamorphose einsetzt und die fertigen Jungsalamander an Land gehen. Man kann dazu den Wasserstand senken und muß das Aquarium gut abdecken. Die fertigen Jungsalamander werden in ein kleines Waldterrarium umgesetzt.

Neben den hier bisher vorgestellten Arten der Querzahnsalamander gibt es noch viele Vertreter in Mittel- und Nordamerika, die dort in verschiedenen Unterarten und Rassen vorkommen.

Zur Gattung *Ambystoma* wird auch das Axolotl *(Ambystoma mexicanum)* gezählt. Bereits der wissenschaftliche Gattungsname des bekanntesten Querzahnsalamanders hat eine bewegte Geschichte *(Amblystoma, Siredon)*.

Das Axolotl – der Name kommt aus dem Aztekischen und heißt soviel wie »Wasserspiel« – lebt im See von Xochimilco, südöstlich von Mexiko-Stadt. Dieses Seengebiet ist stark verlandet, besitzt aber noch viele freie Wasserflächen und Kanäle mit einer Tiefe bis zu 10 m. Mit einer Länge von 29 cm werden Axolotl recht stattlich. Sie sind in ihrer natürlichen Färbung dunkelbraun bis samtschwarz auf dem Rücken, die Seiten erscheinen angedeutet marmoriert.

In Aquarienzuchten treten häufig Weißlinge (mit schwarzen Augen und dunklen Kiemen) und Albinos (mit roten Augen und roten Kiemen) auf. Das Männchen ist an der zur Fortpflanzungszeit deutlich sichtbar angeschwollenen Kloake gut zu erkennen. Die Art hat im Laufe ihrer Evolution die Neotenie beibehalten, da die Klimabedingungen in ihrem natürlichen Verbreitungsgebiet ein Landleben nicht gestatten.

Zur Zucht der Axolotl eignen sich größere Aquarien von 80 bis 120 cm Länge am besten. Die Temperatur sollte im Tages- und Jahresgang schwanken, jedoch 24 °C nicht überschreiten. Niedrigere Temperaturen bis zu 3 °C werden ohne nachteilige Folgen gut vertragen. Durch kühlere Perioden mit kurzer Lichtdauer (acht Stunden am Tag) sind die Axolotl das ganze Jahr über ohne Schwierigkeiten in Fortpflanzungsstimmung zu bringen. Bei der Paarung setzt das Männchen eine Spermatophore auf dem Bodengrund ab, die vom Weibchen mit der Kloake aufgenommen wird. Nach der inneren Befruchtung werden 600 bis 800 Eier einzeln, selten in kurzen Schnüren an Wasserpflanzen abgelegt. Bereits nach 12 bis 14 Tagen schlüpfen die Junglarven, die sofort tierisches Plankton, dabei vor allem Larven von Kleinkrebsen aufnehmen. Später werden Daphnien, Tubifex und Enchyträen gefressen. Die Larven haben große Hautsäume an Schwanz und Rücken, die den Gasaustausch bei der Hautatmung fördern. Daneben wird auch zeitweise beim Auftauchen Luft aufgenommen, denn die Lungen sind gut entwickelt. Sie dienen aber vorwiegend der Stabilisierung des Körpers im Wasser. Bedeutender für den Gasaustausch ist die Kiemenatmung. An beiden Kopfseiten haben gesunde Larven stark verästelte Kiemenbüschel, die bei Albinos dunkelrot erscheinen. Eine reichliche Belüftung der Aquarien ist zur besseren Versorgung mit Sauerstoff vorteilhaft.

Auch nach dem Eintreten der Geschlechtsreife leben die Tiere weiterhin im Wasser. Durch Fütterung mit Schilddrüsengewebe von Rind oder Schwein, durch Gabe von Hormonpräparaten oder langsames Absenken des Wasserspiegels (Verdunstenlassen) ist eine Verwandlung des Axolotls zum Landsalamander möglich. Die Kiemen werden dabei zurückgebildet; durch das Verschwinden der

Hautsäume wird der Schwanz im Querschnitt oval, auch die Haut strukturiert sich um, und die Flankenzeichnung tritt mit grauen bis gelbbraunen Flecken hervor. Nach 20 bis 25 Tagen ist die Metamorphose abgeschlossen. Die Axolotl führen nun ein typisches Landsalamanderleben.

Während beim Axolotl die Neotenie obligat ist, tritt diese Lebensform bei vielen *Ambystoma*-Arten als Ausnahme auf. Hier soll nur der bereits beschriebene Tigerquerzahnsalamander genannt werden, dessen neotene Larven bei Temperaturen von 18 bis 20 °C gehalten werden müssen. Die Paarung erfolgt im Wasser. Es werden bis zu 1 400 Eier an Wasserpflanzen abgelegt, aus denen Nachkommen mit »normalem« Lebensablauf entstehen.

Die Querzahnsalamander der Gattungen *Rhyacosiredon* und *Rhyacotriton* sind Gebirgsbachbewohner Mittelamerikas und als Terrarienpfleglinge sehr schwer zu halten. Sie benötigen kühl stehende Flachwasseraquarien und spezielles, möglichst gut bewegliches Futter (Bachflohkrebse u. a.)

Aus der Familie der Echten Salamander (Salamandridae) sind eine ganze Reihe beliebter Terrarientiere zu nennen.

Zu einer Gattung, die in Nordamerika weit verbreitet ist, gehört der Grünliche Wassermolch *(Notophthalmus viridescens)*. Er kommt im Osten Nordamerikas von Kansas bis Neu-Mexiko vor und ist ein Standardtier in allen europäischen und amerikanischen Molchzuchten. Diese Art wird 11 cm lang und ist meist olivgrün bis gelbbraun gefärbt. Auffallend sind dunkelbraune größere Flecken auf der Schwanzoberseite und dem Rücken und kleinere schwärzliche Punkte auf der Unterseite; die Flanken zeigen eine leuchtendrote Fleckung. Die Männchen haben zur Fortpflanzungszeit an den Handgelenken tiefschwarze Brunftschwielen. Nach einer Winterruhe bei 10 °C ist die Zucht relativ unkompliziert. Man hält die Tiere dazu bei Temperaturen von 20 bis 22 °C und bepflanzt das Aquarium recht üppig. Das Männchen packt zur Paarung das Weibchen und klammert sich auf dessen Rücken fest. Dabei kommt es zu engem Kontakt der Köpfe und Körper. Das Männchen wedelt in dieser Stellung das Weibchen immer wieder mit dem Schwanz an. Nach mehreren Stunden löst es sich schließlich wieder und setzt vor dem nun paarungsbereiten Weibchen eine Spermatophore am Boden ab. Diese wird vom Weibchen ertastet und mit der Kloake aufgenommen. Nach innerer Befruchtung werden über mehrere Wochen an den Wasserpflanzen die Eier in Trauben (insgesamt bis zu 300 Eier) abgesetzt. Man sollte die Pflanzenstengel samt Gelege aus dem Aquarium entfernen und zur separaten Aufzucht der Larven in kleine Flachwasseraquarien überführen. Bei Temperaturen von 18 bis 22 °C schlüpfen nach 25 bis 35 Tagen die durchschnittlich 10 mm langen Larven. Nach weiteren 2 bis 3 Monaten gehen die Jungmolche an Land. Eine weitere Aufzucht im Tradescantia-Glas oder in einem kleinen Terrarium mit dickem Torfmull und Rindenbesatz ist problemlos.

Die Jungmolche leben nach der Metamorphose etwa zwei Jahre an Land, um ihre volle Größe und die Geschlechtsreife zu erlangen. In dieser Zeit ist ihre Körperfärbung rot bis rotbraun, man spricht vom sogenannten Rotmolchstadium.

Die Gattung der Gelbbauchmolche *(Taricha)* umfaßt Arten, die eine salamandridentypische Lebensweise zeigen und zur Fortpflanzungszeit das Wasser aufsuchen. Die Tiere leben an der nordamerikanischen Westküste von Südalaska bis Kalifornien und werden 18

Zwei Unterarten des Kalifornischen Gelbbauchmolches – *Taricha torosa torosa* und *Taricha torosa sierrae*

Zweizehen-Aalmolch *(Amphiuma means)*

bis 20 cm lang. Der Rauhhäutige Gelbbauchmolch *(Taricha granu-losa)* ist aufgrund seiner gelbbraun marmorierten Unterseite ein beliebter Terrarienpflegling. Zur Paarungszeit sind die Männchen an der braunen Oberseite, dem fast orangeroten Bauch und besonders an den kräftigen, mit Brunftschwielen besetzten Armen kenntlich.

Die Tiere können im Aquarium gehalten werden (Wasserstand 15 bis 20 cm). Als Ausstieg genügt ihnen eine zugängliche Kork- oder Schaumstoffinsel. Im Wasser fressen sie sämtliche gängigen Aquarienfuttertiere. Bei kühler Überwinterung in frostfreien Räumen setzt im Frühjahr bei Temperaturen von 16 bis 18 °C die Paarung ein. Zur Paarung klettert das Männchen dem Weibchen auf den Rücken und umklammert es mit den Beinen. Dabei massiert das Männchen mit seinen Hinterbeinen die Kloake des Weibchens und drückt gleichzeitig mit seiner Kehle dessen Kopf zu Boden. Bei der Ablage der Spermatophore winkelt das Männchen den Schwanz ab. Nach 14 Tagen legt das Weibchen einzeln an Wasserpflanzen etwa 90 bis 100 Eier, aus denen nach 3 bis 4 Wochen die

12 mm langen Larven schlüpfen. Es ist günstig, Eier und Larven getrennt von den Elterntieren aufzuziehen. Bei Temperaturen von 16 bis 20 °C sind die Larven nur mäßig gefräßig und wachsen in 4 bis 6 Monaten auf etwa 70 mm heran, ehe sie sich zum fertigen Molch umwandeln. Sofern die Jungmolche nicht, durch ständiges In-die-Ecken-schwimmen angezeigt, versuchen, an Land zu gehen, kann man sie weiter aquatisch halten. Die Molche werden erst nach 3 Jahren geschlechtsreif.

Ganz ähnlich entwickeln sich der Rotbauchmolch *(Taricha rivularis)* an den küstennahen Gebieten von Nordkalifornien und der Kalifornische Gelbbauchmolch *(Taricha torosa)*. Er lebt beinahe ganzjährig in Tümpeln, Restlöchern und Seen in der Küstenregion. Eine Unterart *(T. torosa sierrae)* kommt in der Nähe von Feuchtstellen der Sierra Nevada vor.

Die Familie der Aalmolche (Amphiumidae) ist hauptsächlich in den südöstlichen atlantischen Küstenebenen und in Florida zu finden. Die Tiere haben einen langgestreckten Körper (bis zu 1 m) und winzige Extremitäten. Ihre Augen sind stark reduziert und scheinen durch die Oberhaut hindurch. Sie atmen durch Lungen und innere Kiemen. Aalmolche kommen in ihrer Heimat in drei Arten vor, die fast ausschließlich im Wasser leben.

Der Zweizehenaalmolch *(Amphiuma means)* wird gelegentlich von Fachleuten gehalten. Die bis zu 120 cm langen Tiere benötigen große Aquarien mit Steinen und Wurzeln als Versteck, Temperaturen das Jahr über zwischen 15 und 24 °C und ständig eine gute Sauerstoffversorgung des Wassers. Die Ernährung ist problemlos. Es werden Schnecken, Würmer, Krebse, Fische und Fleischstreifen gefressen.

Das Weibchen legt im Herbst bis 50 Eier in einer perlschnurartigen Kette ab, aus denen zu Beginn des Frühjahrs die Larven schlüpfen. Nach 3 bis 5 Monaten bilden sich mit einer Länge von 80 mm die äußeren Kiemen zurück und die Larvenentwicklung ist beendet. Die Aalmolche sind nach 5 bis 7 Jahren geschlechtsreif.

Eine weitere große Familie nord- und mittelamerikanischer Salamander bilden die Waldsalamander (Lungenlose Salamander, Plethodontidae). Darin werden über 20 Gattungen mit rund 150 Arten zusammengefaßt. Bei den Vertretern dieser Familie kommen alle Übergänge vom reinen Wasserleben bis zum ausschließlichen Landleben vor. Brutpflege kann in verschiedenster Form beobachtet werden. Allen Arten ist das völlige Fehlen der

Lungenatmung eigen. Körperoberfläche und Mundschleimhaut dienen zum Gasaustausch. Der Unterkiefer ist unbeweglich, so daß bei der Nahrungsaufnahme Oberkiefer und Kopf bewegt werden müssen.

Im östlichen Nordamerika ist der Braune Bachsalamander *(Desmognathus fuscus)* zu Hause. Die erwachsenen Tiere werden bis zu 13 cm lang und sind einheitlich grau bis graubraun gefärbt.

Die Haltung der Tiere erfolgt in einem Aquaterrarium (etwa $60 \times 40 \times 25$ cm), wobei ein Drittel der Fläche als Landteil und zwei Drittel als mit Steinen besetzter Wasserteil zu gestalten sind. Eine vollaquatische Haltung ist ebenfalls bekannt. Dabei ist es günstig, wenn Moorwurzeln eingelegt werden, da die Salamander die Köpfe gern aus dem Wasser herausstrecken. Die Temperaturen sollten im Winter 2 bis 6 °C und im Sommer bis 18 °C betragen. Gefüttert wird mit Wasserflöhen, Mückenlarven, Tubifex, Regenwürmern und Rinderherzstückchen.

Die Paarung erfolgt meist nachts. Dazu ist unbedingt ein Landteil notwendig. Die Männchen geben während der Paarung aus einer Drüse am Kinn Duftstoffe ab, die die Weibchen veranlassen, die Spermatophore aufzunehmen. An feuchten Stellen, zwischen Steinen und Moos, werden die Gelege untergebracht und von den Weibchen bewacht. Die frischgeschlüpften Jungtiere suchen ein nahe gelegenes Gewässer auf und leben anfangs als Larven im Wasser. Erst nach der Winterruhe, die sie auf dem Grund der Gewässer verbringen, erfolgt die Metamorphose. Anschließend begeben sie sich an Land und führen ein Landsalamanderleben wie ihre Eltern. Braune Bachsalamander scheinen gesellig zu leben, zumindest findet man an günstigen Standorten stets eine größere Anzahl gleichaltriger Tiere. Sie sind dunkelaktiv.

Ebenso führen die größeren Arten *Desmognathus quadramaculatus* (bis 21 cm) und *Desmognathus welteri* (bis 17 cm) eine aquatische Lebensweise. Dagegen sind die Zwergformen der Bachsalamander, *Desmognathus wrighti* und *Desmognathus aeneus,* beide 5 bis 6 cm lang, rein terrestrisch zu halten. Ihnen genügen Feuchtstellen im Bodengrund des Terrariums zur Eiablage. Die Tiere ertrinken schnell in steilwandigen Gefäßen!

Der Alligatorensalamander *(Aneides lugubris)* bewohnt die küstennahen Gebiete Kaliforniens und wird bis 15 cm lang. Er trägt auf schwarzbrauner Oberseite unregelmäßige gelbe Flecken, die Unterseite ist weiß. Die Männchen fallen durch muskulösen Kör-

Links oben: Höhlen-Gelbsalamander *(Eurycea lucifuga)*

Links unten: Nördlicher Rotsalamander *(Pseudotriton ruber)*

Oben: Pilzzungensalamander *(Bolitoglossa dofleini)*

perbau und einen kantigen Kopf auf. Die Weibchen, meist kleiner, haben eine schlanke Körperform.

Um das Kletterbedürfnis der Tiere zu befriedigen, sollte das Waldterrarium mindestens 40 bis 60 cm hoch sein und neben einem Bodengrund aus verrottetem Buchenlaub oder Torfmull noch eine Rindenauflage, Moos- und Holzstücke besitzen. Einige Rankenpflanzen und Farne vervollständigen die Einrichtung. Die Glasabdeckung bzw. Fronttür aus Glas bewirken eine 100%ige Luftfeuchte. Überwintert wird bei Temperaturen von 12 bis 14 °C. Im Sommer werden bis 20 °C vertragen. Die Salamander fressen Kellerasseln, Spinnen, Springschwänze, Mehlkäfer und deren Larven, Wachsmotten und im Sommer auch Wiesenplankton.

Die Tiere treiben eine intensive Brutpflege. Das Weibchen hängt unter lose liegende Rinde ein traubiges Gelege mit 30 bis 70 Eiern und bewacht dieses. Es sorgt auch für die Befeuchtung. Nach 60 bis 80 Tagen schlüpfen die Jungtiere, die sich dann von kleinsten Bodenarthropoden ernähren. Die Jungtiere sind bräunlich bis olivgrün gefleckt.

Der Erzsalamander *(Aneides aeneus)* wird bis 14 cm lang. Er ist ein Waldbewohner der Appalachen und kann durch seine Haftscheiben an den Zehen gut klettern. Man sollte ihn deshalb in gut verschlossenen Terrarien halten. Die Bepflanzung des Beckens kann reichlich erfolgen, zusätzlich dienen Äste und Rindenstücke zum Klettern. Die meist nachts stattfindende Paarung ist das ganze Jahr über möglich. Die Eier werden meist in 2 bis 15 kleinen Häufchen in eine Höhlung abgelegt und die Gelege ebenfalls vom Weibchen bewacht. Der Schlupf der Jungtiere erfolgt nach 80 bis 100 Tagen. Die Tiere können gesellig im Familienverband leben und werden bis zu 20 Jahre alt.

Die Wurmsalamander *(Batrachoseps)* leben im westlichen Nordamerika (Kalifornien) von der Küste bis in Höhenlagen von 2 500 m.

Der Kalifornische Wurmsalamander *(Batrachoseps attenuatus)* wird bis 16 cm lang und ist Bewohner der Busch- und Waldgebiete. Die Haltung und Lebensweise ist der Gattung *Aneides* sehr ähnlich.

Mit 67 Arten ist die Gattung der Pilzzungensalamander *(Bolitoglossa)* die umfangreichste Gruppe der Lungenlosen Salamander (Plethodontidae). Sie sind von Mexiko bis Brasilien verbreitet und damit die einzigen Schwanzlurche in Südamerika. Die Tiere haben eine schlanke Gestalt, der Rumpf ist tief gefurcht, Finger und Zehen an den schmächtigen Extremitäten sind abgeflacht. Sie sind typische Waldbewohner und dementsprechend gut zum Klettern befähigt. Deshalb sind ihnen auch hohe Terrarien angenehm. Wichtig für die Stimulierung der Fortpflanzung ist neben der Haltung in einem Regenwaldterrarium die Einhaltung einer Trockenzeit (Ruheperiode), wobei die Salamander im Bodengrund eingegraben etwa 2 bis 3 Monate verbringen.

Aus Kolumbien ist *Bolitoglossa adspersa*, mit 8 bis 10 cm eine kleine Art, bekannt, die nach einer Ruhezeit bei 16 bis 20 °C ihre traubenförmigen Gelege unter Rinden absetzt. *Bolitoglossa subpalmata* stammt aus Kostarika und West-Panama und wird bis 12 cm lang. Diese Salamander sind auf braunem Grund oberseits metallisch silbrig eingefärbt.

In der Pazifischen Küstenregion Nordamerikas ist *Ensatina esch-*

scholtzi beheimatet. Die Tiere sind dunkel gefärbt und mit gelben oder roten Flecken übersät, werden bis 15 cm lang und müssen in Waldsalamanderterrarien mit hoher Luftfeuchte gehalten werden. Das Weibchen legt in feuchtes Substrat wenige Eier ab und bewacht das Gelege.

Der Langschwanzsalamander *(Eurycea longicauda)* spricht den Liebhaber mit seiner gelborangefarbenen bis roten Rückenfärbung besonders an. Diese Tiere werden bis zu 20 cm lang. Sie bewohnen den Osten und die mittleren Regionen der USA, wo sie Gebiete mit Quellsümpfen und Bächen bevorzugen. Demgemäß sind Aquaterrarien zu ihrer Haltung am geeignetsten. Die Sommertemperaturen sollten 20 °C nicht überschreiten. Zur Zucht ist eine kühle Überwinterung erforderlich. Das Weibchen heftet seine Eier einzeln an Gegenstände im Aquarium. Aus diesen Eiern schlüpfen nach etwa vier Wochen die Larven, die im Gewässer überwintern und erst im Frühjahr die Verwandlung zum fertigen Salamander vollziehen.

Der Rotmolch *(Pseudotriton ruber)* ist vom Aussehen und den Lebensansprüchen her ein hübscher und angenehmer Pflegling. Seine rötliche Grundfärbung wird von dunkleren Flecken unterbrochen. Er verzehrt mit unstillbarem Appetit alle angebotene Nahrung. Der Rotmolch wird oft mit dem Porphyrsalamander *(Gyrinophilus porphyriticus)*, der wesentlich seltener ist, verwechselt. Diese Art hat neben den rötlichen Flecken noch einen beiderseits des Kopfes vom Auge bis zum Nasenloch verlaufenden hellen Längsstreifen.

Die Tiere sind schwierig im Aquaterrarium zu halten. Probleme bereiten dabei meist die Wasserqualität und die Temperatur (nicht über 18 °C im Sommer).

Die in Mittelamerika (Mexiko und Kostarika) beheimateten Zwergsalamander *(Parvimolge)* werden nur 5 bis 6 cm lang, sind dunkel und meist grün gesprenkelt. Sie leben in Bromelien, klettern gut und fangen geschickt krabbelnde und kleine fliegende Futtertiere. Sie vertragen im Sommer Temperaturen bis 26 °C. Eine Ruhepause ist günstig zur Stimulierung der Fortpflanzung.

Auch der Silbersalamander *(Plethodon glutinosus)* ist recht hübsch. Er ist schwarz und hat silbrige Flecken. Bei Bedrohung scheidet er ein zähes, klebriges Sekret aus.

Obwohl die Gattung *Plethodon* im Wald lebende Arten umfaßt, kann der Rotrücken-Waldsalamander im Aquaterrarium gehalten werden und kommt dort auch zur Vermehrung. Die Tiere benöti-

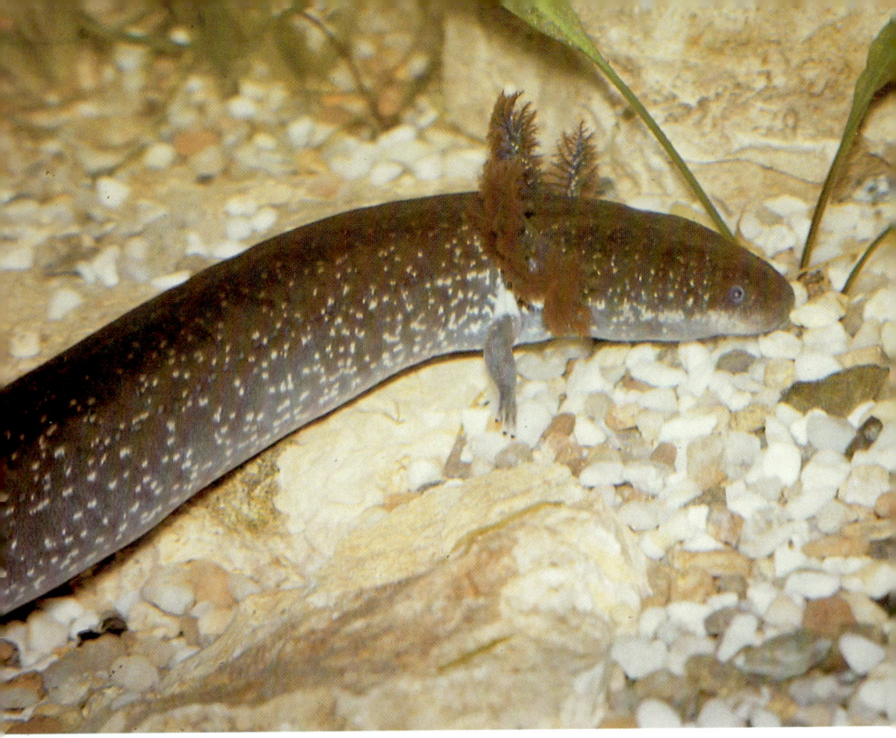

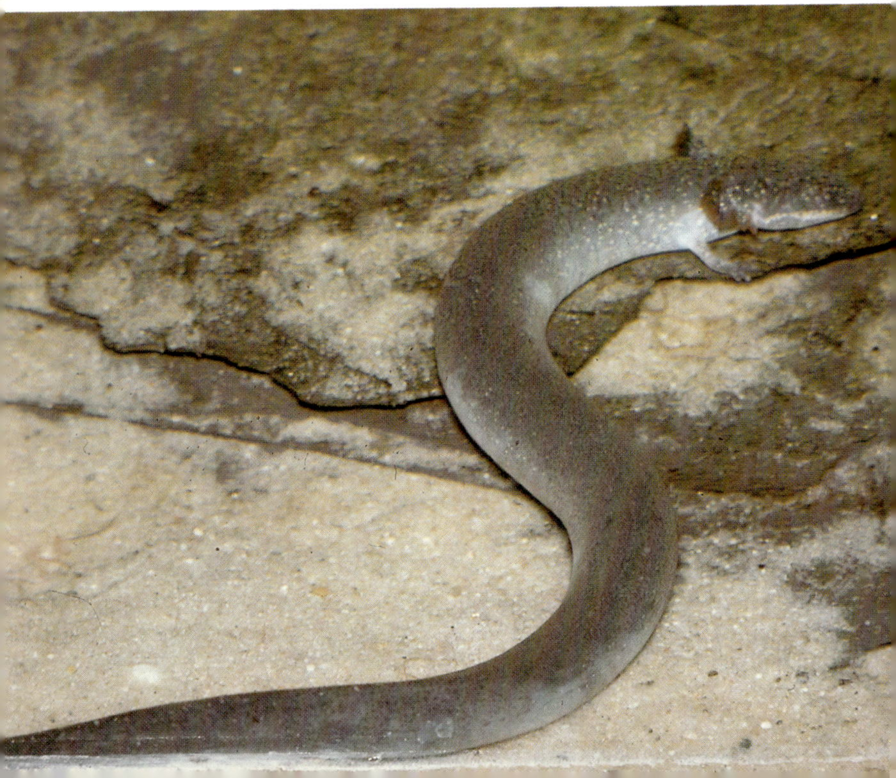

Links oben: Großer Armmolch *(Siren lacertina)*

Links unten: Kleiner Armmolch *(Siren intermedia)*

Oben: Quellensalamander oder Porphyrsalamander *(Gyrinophilus porphyriticus)*

gen im Sommer Temperaturen von 22 bis 24 °C und können bei 6 bis 10 °C überwintert werden. Die Überwinterung ist im Waldterrarium günstiger, da sich die Salamander bei niederen Temperaturen gern eingraben. Das Laichen geschieht an Land. Das Weibchen heftet die gestielten Eier (meist 4 bis 6) an die Decke von Höhlungen oder unter Rinden und bewacht und befeuchtet dabei das Gelege. Bei optimaler Entwicklung (mit Brutpflege) schlüpfen nach einigen Wochen die fertigen Jungsalamander. Die Ernährung erfolgt mit kleinen Spinnen, Asseln, Käfern und deren Larven, seltener werden Regenwürmer oder Nacktschnecken gefressen.

Aus der Familie Proteidae ist der Gefleckte Furchenmolch *(Necturus maculosus)* aus dem mittleren Osten der USA zu nennen. Er ist einer der nächsten Verwandten unseres Europäischen Grotten-

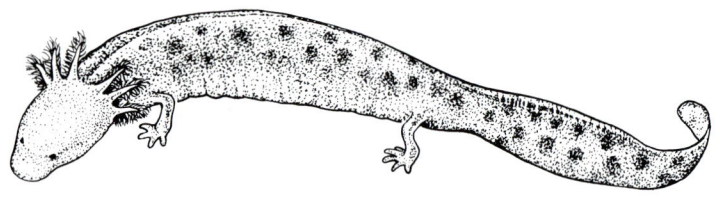

Der Furchenmolch ist eng mit dem Europäischen Grottenolm verwandt.

olms. Die Furchenmolche der Gattung *Necturus* leben in stehenden oder langsam fließenden Gewässern und werden mit 43 cm Länge recht groß. Die Paarung erfolgt im Herbst. Im Frühjahr legt das Weibchen die Eier an die Unterseite von Gegenständen, die sich im Wasser befinden. Es bewacht das Gelege bis zum Schlupf der Larven. Diese wachsen in vier Jahren auf eine Länge von 20 bis 25 cm heran und werden erst dann geschlechtsreif. Neotenie ist wie bei unseren Olmen auch hier die typische Entwicklungsform.

Die Armmolche (Familie Sirenidae) sind aus dem Südosten der USA bekannt. Ihr Körper ist aalartig langgestreckt, hinter dem Kopf tragen sie äußere Kiemen. *Siren intermedia*, der Mittlere Armmolch, wird bis 69 cm lang, *Siren lacertina*, der Große Armmolch, bis 98 cm. Die Tiere leben in ihrer Heimat im Flachwasserbereich von Teichen und Tümpeln, wo sie sich von Krebsen, Würmern, Weichtieren, aber auch von Pflanzenteilen ernähren. Sie gelten als äußerst gefräßig.

Eine Haltung der Armmolche ist im geräumigen Flachwasseraquarium möglich. Günstig sind Verstecke aus hohlliegenden Steinen, Töpfen und ähnlichem. Wichtig ist eine gute Wasserqualität und ein häufiger Teilwasserwechsel, besonders nach der Fütterung. Armmolche sind recht anpassungsfähig an verschiedene Temperaturen und vertragen im Sommer 18 bis 26 °C. Die Überwinterung sollte jedoch kühl erfolgen (4 bis 6 °C). Über eine Vermehrung im Aquarium ist bisher nichts bekannt.

Salamander, Molche und Olme Europas

Die Familie der Salamandridae umfaßt insgesamt 53 Arten, die in Europa ihre weiteste Verbreitung haben. Allerdings sind nur die Gattungen der Feuersalamander *(Salamandra)* und der Echten Wassermolche *(Triturus)* über größere geographische Regionen verbreitet.

Vor der Beschäftigung mit einheimischen Schwanzlurcharten sei auf die entsprechenden Naturschutzbestimmungen hingewiesen.

Die große Variabilität des Feuersalamanders *(Salamandra salamandra)* in Größe, Form, Zahl und Farbe der gelblichen bis orangeroten Fleckung auf lackschwarzem Grund führte zur Bildung einer Reihe von Unterarten und Rassen. Im Raum der europäischen Mittelgebirge überschneidet sich das Verbreitungsgebiet der wichtigsten Rassen. Westlich davon ist der Gebänderte Feuersalamander *(Salamandra salamandra terrestris)* vorherrschend. Südlich und südöstlich dagegen hat die gefleckte Rasse *(Salamandra salamandra salamandra)* ihr Hauptverbreitungsgebiet, das bis Nordafrika und Kleinasien reicht. Die Populationen an den Verbreitungsgrenzen der Rassen vermischen sich. Der hauptsächlich im Hügel- und Bergland vorkommende Salamander ist vorwiegend nachtaktiv und wird nur bei Regenwetter auch tagsüber gefunden (im Volksmund »Regenmännchen« genannt). Ein giftiges Hautsekret schützt die Tiere weitgehend vor der Verfolgung durch natürliche Feinde.

Das bis 28 cm lang werdende Männchen des Feuersalamanders ist an dem wuchtigen, kantigen Kopf und der angeschwollenen Kloake (Doppellippenwulst) gut kenntlich. Insgesamt variieren die 11 Unterarten in Körperbau und Färbung beträchtlich.

Die Haltung erfolgt in mittelgroßen, flachen Terrarien mit feuchtem Bodengrund aus Lauberde und Mulm. Verstecke unter Moos und Rinde sowie Flachwasserschalen mit Steinen (gut zugänglich, da die Tiere schnell ertrinken) sind notwendig.

Der Feuersalamander paart sich meist das ganze Jahr über, besonders aber im Herbst bei Temperaturen von 10 bis 12 °C und feuchter Witterung.

Über Unterarten aus wärmeren Klimaten wird berichtet, daß für die Paarungssimulierung ansteigende Temperaturen mit Regenfeuchte wichtig sind. Zur Balz kriecht das Männchen unter das Weibchen, klammert mit seinen Vorderbeinen um die der Partnerin und trägt sie auf dem Rücken umher. Ist das Weibchen paarungsbereit, kommt es zum Kloakenkontakt, die Spermatophore wird abgesetzt und sofort vom Weibchen in die Kloake aufgenommen. In Falten der inneren Kloakenwand wird das Sperma so lange gespeichert, bis die Eier zur Befruchtung herangereift sind. Ältere Weibchen verpaaren sich in der Regel mehrmals und können dann über Jahre hinaus 12 bis 70 Larven absetzen. Dazu begeben sich die trächtigen Weibchen an die Wasserstelle im Terrarium. Meist gleich beim Absetzen schlüpfen aus den Eiern die 22 bis 30 mm langen Larven. Diese wandeln sich bei 22 °C nach 8 Wochen bei einer Länge von 45 bis 60 mm um und gehen an Land (Haltung im Tradescantia-Glas). Jungsalamander ertrinken schnell. Die Geschlechtsreife tritt nach 3 Jahren ein. Feuersalamander werden sehr alt (bis 50 Jahre) und bleiben fast bis zum Tode fortpflanzungsfähig.

Der Alpensalamander *(Salamandra atra)* ist nahezu im gesamten

Feuersalamander *(Salamandra salamandra)*

Alpensalamander *(Salamandra atra)*, Weibchen mit frischgeborenem Jungtier

Alpenraum verbreitet. Er bevorzugt niedrige Temperaturen im Sommer (16 bis 20 °C) und paart sich nachts. Nach einer Tragzeit von 2 Jahren werden zwei vollentwickelte Junge geboren, die sich auf Kosten der ursprünglich großen Zahl von Eiern im Uterus des Muttertieres entwickeln.

Zwei weitere Gattungen von Schwanzlurchen sind wegen ihres schlanken Körperbaues, ihrer flinken Fortbewegungs- und eigentümlichen Lebensweise bemerkenswert. Der Goldstreifensalamander *(Chioglossa lusitanica)* lebt im Nordwesten der Iberischen Halbinsel. Er hat auf dunkelbrauner Oberseite rötlichglänzende Längsstreifen. Die Tiere können bei Gefahr den Schwanz »abwerfen«, wie das von Eidechsen bekannt ist. Beim Beutefang wird die Zunge nach dem Prinzip der Schleuderzunge von Reptilien herausgestülpt.

Aufgrund der flinken Bewegungsweise der Tiere sind größere, flache Terrarien notwendig, die eine Feuchtstelle zum Ablaichen in Form eines leicht zugänglichen, eingesetzten Wasserbeckens aufweisen. Die Jahrestemperaturen sollten zwischen 2 und 20 °C schwanken. Zur Ernährung dienen Fliegen, Wachsmotten und deren Larven und als Ausweichfutter Mehlkäfer. Eine Zucht ist im Terrarium schwierig.

Der Lykische Salamander *(Mertensiella luschani)* ist der europäische Vertreter der Gattung *Mertensiella*. Er wird bis 12 cm lang und bewohnt gebirgige Gegenden auf dem türkischen Festland (SW-Anatolien) und ist auf der griechischen Inselgruppe Karpathos-Kasos-Saria zu finden. Die Tiere sollte man in einem größeren Aquaterrarium halten, bei dem der Landteil dominiert. Als Futter dienen neben Würmern aller Art Mehlkäfer, Asseln, Tausendfüßer und Stubenfliegen.

Zur Paarung unterkriecht das Männchen blitzartig ein weibliches Tier und umklammert dessen Vorderbeine mit den eigenen. Danach beginnt die Stimulierung der weiblichen Kloake mit dem dorsalen Schwanzwurzelhöcker, bis es zum Absetzen einer Spermatophore kommt. Diese wird salamandertypisch vom Weibchen aufgenommen. Nach mehreren Monaten werden meist zwei etwa 30 bis 45 mm große vollentwickelte Jungtiere geboren.

Ganz ähnliche Verhaltensweisen werden von dem aus Asien bekannten Kaukasus-Salamander *(Mertensiella caucasica)* beschrieben. Diese Art wird bis 18 cm lang, ist schwarzbraun gefärbt und hat oberseits zwei Längsreihen orangegelber Flecken.

Die europäischen Gebirgsmolche der Gattung *Euproctus*, z. B. der Pyrenäen-Gebirgsmolch *(Euproctus asper)*, werden kaum über 16 cm lang. Das Vorkommen der Tiere ist auf kleine Areale Sardiniens, Korsikas und der Pyrenäen beschränkt. Die Molche eignen sich für eine Haltung im Aquaterrarium. Zur Paarung umklammert das Männchen das Weibchen mit dem Schwanz und setzt in unmittelbarer Nähe der weiblichen Kloake die Spermatophore ab. Die Wasserqualität wirkt sich wesentlich auf die Entwicklung der Tiere aus; die Haltungstemperaturen sollten im Sommer um 18 °C liegen, im Winter ist eine Absenkung auf 6 bis 8 °C zu empfehlen.

Der Brillensalamander *(Salamandrina terdigitata)* kommt auf der westlichen Seite der italienischen Halbinsel vor. Die Tiere bewohnen Berglandschaften mit feuchten, schattigen Wäldern und halten sich nur zur Paarungszeit in Gewässernähe auf. Für die Zimmerhaltung genügt ein flaches, mittelgroßes Waldterrarium mit Temperaturen von 3 bis 20 °C. Eine Reinigung ist öfter notwendig, da die Tiere auch gegen den eigenen Kot empfindlich sind. Das Gelege umfaßt 12 bis 15 Eier, die einfach ins Wasser (eine Flachschale genügt) abgelegt werden. Nach einer Entwicklungszeit von 8 bis 10 Wochen wandeln sich die 40 bis 50 mm langen Larven um und müssen nun an Land gehen können. Für die Larvalentwicklung eignet sich ein Flachwasseraquarium mit einer Steininsel. Jungtiere wie Eltern ernähren sich von Fliegen, Spinnen, Käfern, Asseln sowie Wachsmotten und deren Larven.

Der Spanische Rippenmolch *(Pleurodeles waltl)* ist mit 30 cm Länge einer der größten Schwanzlurche Europas. Er besiedelt den größten Teil der Iberischen Halbinsel und kommt gemeinsam mit einer anderen Art *(Pleurodeles poireti)* auch in Nordafrika vor. Seine Färbung variiert von Ocker bis Dunkeloliv, wobei die Flanken und Bauchseite unregelmäßig gefleckt und die Seitenhöcker orange, gelb oder weiß aussehen.

Die Männchen fallen zur Paarungszeit durch eine mehr rötliche Färbung, die geschwollene Kloake und die Brunftschwielen an den Innenseiten der Vorderbeine auf. Rippenmolche leben meist ganzjährig im Wasser bei Temperaturen bis zu 22 °C. Sie sollten in Aquarien genügend Platz zum Schwimmen und eine dichte Bepflanzung zum Verstecken haben. Die Paarung erfolgt auch im Wasser. Dabei umklammert das Männchen von unten mit den Vorderbeinen die Vorderbeine des Weibchens. Diese Klammerung dauert mehrere Stunden. Das Männchen reibt mit seiner Schnauzenspitze die Kehle des Weibchens. Schließlich drehen beide ihre Körper so zueinander, daß sich ihre Kloaken fast berühren. Die Spermatophore wird abgesetzt, vom Weibchen mit der Kloake ertastet und aufgenommen. In Klumpen, Trauben oder Schnüren laicht das Weibchen über Wasserpflanzen ab, an denen die Eier mit ihrer klebrigen Hülle haftenbleiben. Die Nahrung der Tiere kann aus Wasserflöhen, Enchyträen, Tubificiden, Regenwürmern, aber auch aus neugeborenen Mäusen und rohem Fleisch (besonders günstig sind Leber und Rinderherz) bestehen. Bei guter Pflege werden Rippenmolche im Aquarium sehr alt.

Seite 72 oben: Goldstreifensalamander *(Chioglossa lusitanica)*, Frischfang aus Portugal

Unten: Der Poiretsche Rippenmolch *(Pleurodeles poireti)*

Seite 73 oben: Lykischer Salamander *(Mertensiella luschani)*, Männchen mit typischem Schwanzwurzelhöcker

Unten: Unser einheimischer Kammolch *(Triturus cristatus cristatus)*, Bauchseite des Weibchens

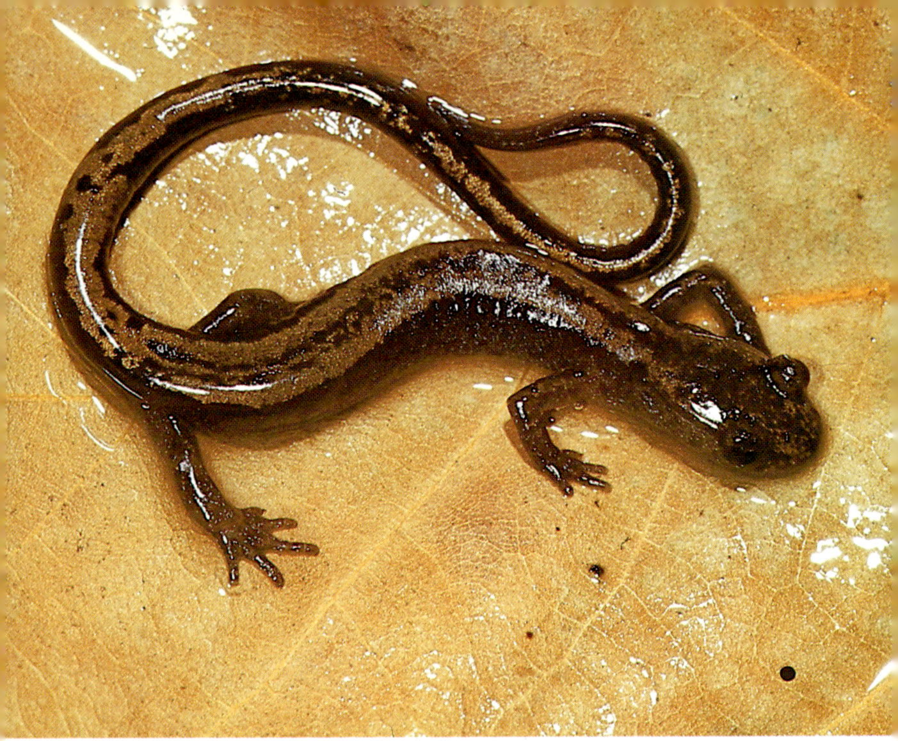

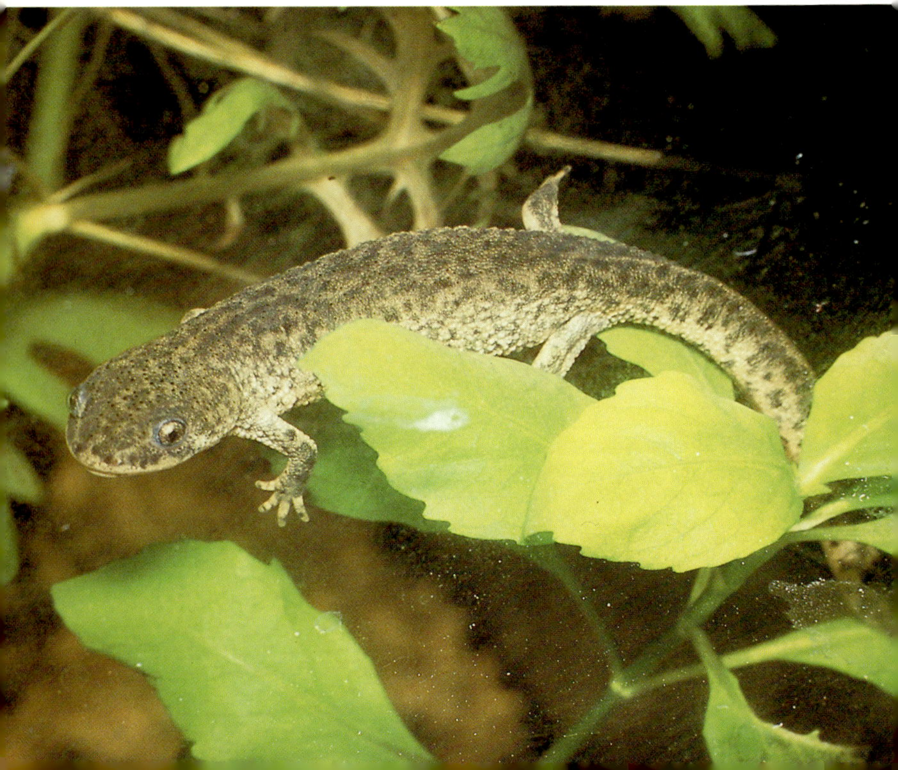

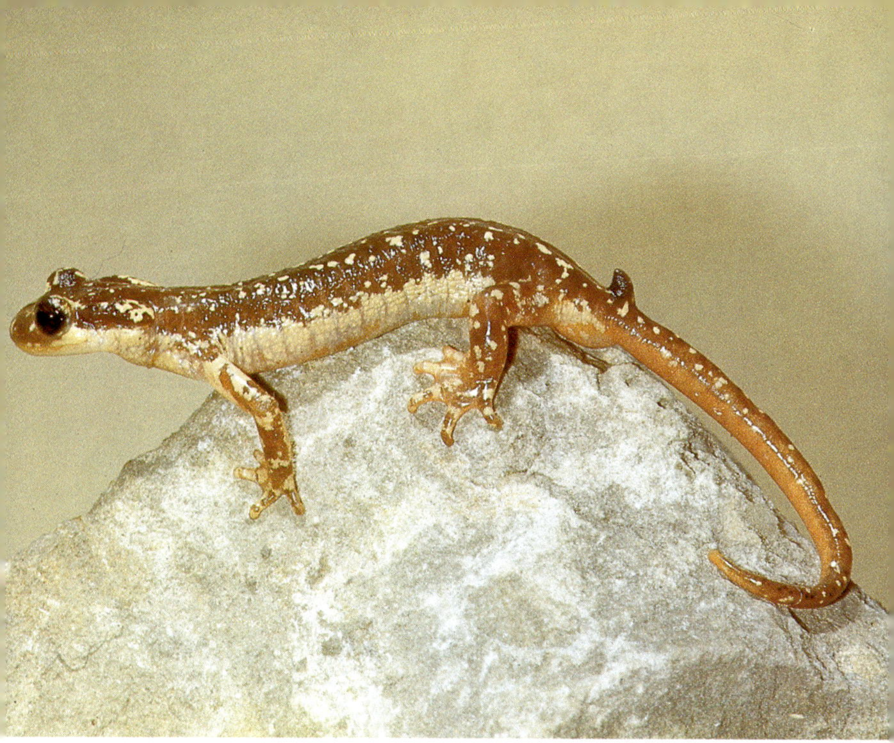

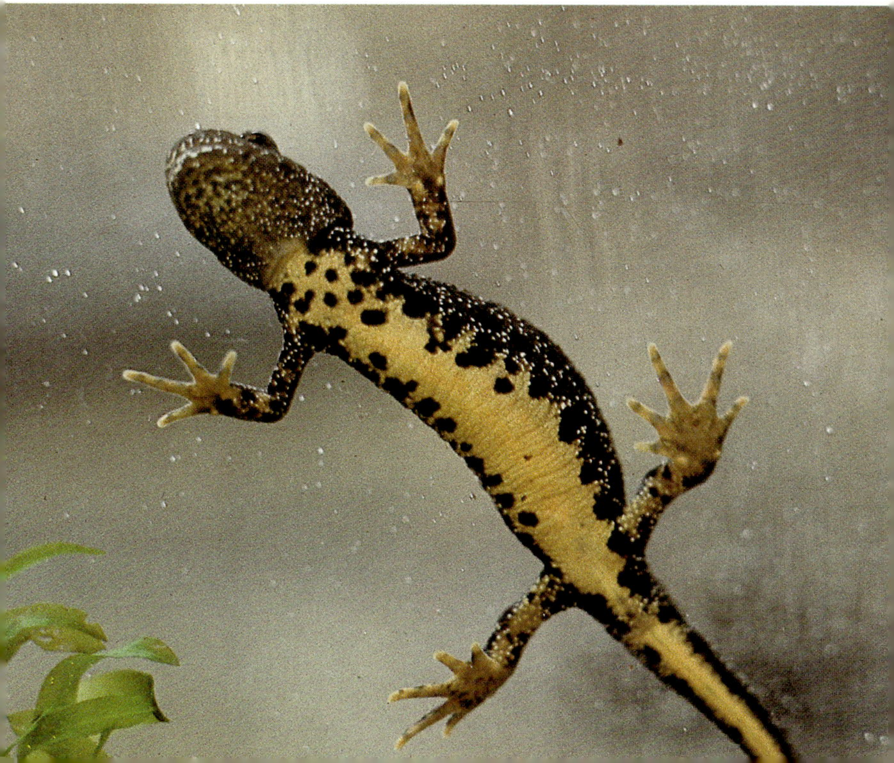

Die formenreiche Gattung *Triturus* mit derzeit 12 Arten und 32 Unterarten beinhaltet auch fast alle europäischen Molche. In Europa kommen acht Arten der Echten Wassermolche vor. Sie leben auf dem Land und suchen nur zur Fortpflanzungszeit das Wasser auf. Dabei bilden die Männchen ein charakteristisches Hochzeitskleid mit leuchtender Färbung und mit teilweise bizarr geformten Hautsäumen auf Rücken und Schwanz. Das Paarungsverhalten, vorwiegend von den Männchen gezeigt, ist stark ausgeprägt und wird von vielen Faktoren beeinflußt. Die Eier werden meist einzeln an Wasserpflanzen geheftet. Für die Tiere ist ein jahresperiodischer Biotopwechsel typisch. Die Paarung im Frühjahr findet stets im Wasser statt, und anschließend suchen die Tiere einen Sommerlebensraum an Land auf. Ebenso erfolgt die Überwinterung terrestrisch. Typisch für die Männchen sind in der Fortpflanzungszeit breite Hautsäume und schillernde Körperfarben. Die Paarungsspiele verlaufen ohne festen körperlichen Kontakt. Das Paarungsverhalten stellt innerhalb der Ordnung der Schwanzlurche die höchste Entwicklungsstufe dar.

In Mitteleuropa kommen außer den Flachlandformen Kammmolch *(Triturus cristatus)* und Teichmolch *(Triturus vulgaris)* das Hügelland bevorzugende Arten wie Bergmolch *(Triturus alpestris)* und Fadenmolch *(Triturus helvetius)* vor. Auf der Iberischen Halbinsel sind der Boscas Wassermolch *(Triturus boscai)* und der bis Westfrankreich verbreitete und im Aquarium beliebte Marmormolch *(Triturus marmoratus)* zu finden. Bei letzterem besitzt das Männchen zur Paarungszeit einen schwarz-gelb gestreiften Rückenkamm und das Weibchen eine intensiv leuchtende, orangefarbene Rückenlinie. Bastardisierung dieser Art mit dem Kammolch ist möglich. Regional nicht so großflächig verbreitete Arten sind der Italienische Wassermolch *(Triturus italicus)* und der Karpatenmolch *(Triturus montandoni).*

Die Gattung *Euproctus* umfaßt Gebirgsbachbewohner, die ständig im kühlen Wasser oder an dessen Rändern leben. Der Pyrenäen-Gebirgsmolch *(Euproctus asper)* wird bis 16 cm lang und ist auf dunklem Grund oberseits mit gelben Flecken verziert. Der Bauch ist gelb bis orange. Die Tiere müssen im kühlstehenden Flachwasseraquarium gehalten werden und sind nicht für Anfänger geeignet. Das trifft auch für den Korsischen Gebirgsmolch *(Euproctus montanus)* zu. Die auf Sardinien beheimatete Art *Euproctus platycephalus* wird nur 12 bis 14 cm lang.

Dieser großen Variabilität innerhalb der Familie der Salamandridae stehen in Europa zwei weitere Familien der Schwanzlurche gegenüber, die hier zwar nur in drei Arten auftreten, aber sehr interessant sind: die Lungenlosen Salamander (Plethodontidae) und die Olme (Proteidae). Diese Arten sollten jedoch nicht von Anfängern im Terrarium gehalten werden.

Die Lungenlosen Salamander werden durch den Sardinischen und Italienischen Schleuderzungensalamander (*Hydromantes genei* bzw. *H. italicus*) vertreten. Diese Tiere leben gewöhnlich in kühlen Höhlen bei Temperaturen unter 17 °C und werden mit 14 cm Länge nicht allzu groß. Sie können behende klettern und fangen mit der weit hervorschnellbaren Haftzunge ihre Beute, wie Käfer, Asseln, Spinnen, Fliegen oder Nacktschnecken. Zur Paarung besteigt das Männchen den Rücken des Weibchens und sondert dabei aus der Kinndrüse Duftstoffe ab. Mit den Vorderextremitäten umklammern sich beide, und es kommt zur Übertragung der Spermatophore. Nach der Eiablage wird das Gelege meist bewacht.

Die Olme der Gattung *Necturus* aus Nordamerika sind eng mit der Gattung *Proteus* aus Europa verwandt. Zur Gattung *Proteus* gehört der Grottenolm *(Proteus anguineus)*. Er kommt an der adriatischen Küste in den Höhlen der jugoslawischen Karstgebirge vor und ist mit maximal 30 cm Länge einer der größten Schwanzlurche Europas. Seine Haut ist weißlich bis hellgelb gefärbt, hinter dem Kopf sitzen die stark durchbluteten und daher rot erscheinenden Kiemen. Der Rumpf ist sehr langgestreckt. Die Vorderbeine haben drei, die Hinterbeine zwei Finger bzw. Zehen. Der schmale, längliche Kopf läuft in einer breit abgestumpften Schnauze aus. Flossensäume umgeben den relativ kurzen Schwanz, der beim Männchen auffallend kellenartig verbreitert und am Ende abgerundet ist, während er beim Weibchen eher spitz ausläuft. Die Kloake tritt beim Männchen deutlicher hervor als beim Weibchen. Die Augen der Tiere sind stark reduziert, sie scheinen durch die Haut hindurch und können nur hell – dunkel unterscheiden. Von einer Haltung in Terrarien muß abgesehen werden, da die Tiere nicht nur sehr selten sind, sondern auch hohe ökologische Ansprüche stellen. Grottenolme pflanzen sich im Frühjahr fort, wenn Schmelz- und Regenwasser in die Karsthöhlen eindringen. Durch das fließende und nun weichere Wasser bei Temperaturen von 10 bis 22 °C wird die Paarung stimuliert. Das Weibchen legt danach 12 bis 70 Eier ab, aus denen nach mehreren Wochen die Jungtiere schlüpfen. Sie

Donaukammolch *(Triturus cristatus dobrogicus)*, Männchen im Paarungskleid

Persischer Kammolch *(Triturus cristatus karelini)*, Männchen im Paarungskleid

wachsen innerhalb von 4 bis 6 Jahren auf die Größe der Eltern heran und werden fortpflanzungsfähig. Die Neotenie bleibt zeitlebens erhalten und ist weder durch Umwelteinflüsse noch durch Hormongaben zu brechen.

Schwanzlurche in Afrika?

Der afrikanische Kontinent hat keine eigenen Schwanzlurcharten. Zweifelsfrei haben sich durch Vertriftung in den nördlichen und nordwestlichen Gebieten von Marokko die aus Spanien stammenden Rippenmolche angesiedelt. Die Ausbildung einer weiteren Art *(Pleurodeles poireti)* in den nördlichen Teilen von Mittel- und Ostalgerien und Nord-Tunesien wird teilweise angezweifelt. Der Poiretsche Rippenmolch kann auch als Ökomorphe von *Pleurodeles waltl* diskutiert werden.

Aus der Verwandtschaft des Feuersalamanders ist die Unterart *Salamandra salamandra algira* im nördlichen Marokko und Algerien anzutreffen. Der Status dieser Unterart erklärt sich ebenso als räumlich isolierter Teil vom europäischen Hauptverbreitungsgebiet. Die Salamander sind klein und zartwüchsiger und haben oberseits eine gelbfleckige bis streifenfleckige Zeichnung. Finger und Zehen sind sehr zart.

Salamander und Molche Asiens

Zur Gattung *Andrias* aus der Familie Cryptobranchidae gehören die größten Schwanzlurcharten der Welt. Der Chinesische Riesensalamander *(Andrias davidianus)* wird bis zu 180 cm lang. Die Tiere erscheinen äußerst wuchtig, Kopf und Rumpf sind breit und abgeflacht. Ein fleischiger Hautwulst zieht sich dorsal vom Kopf zum

Schwanzansatz. Die Zehen und Finger sind durch Schwimmhäute verbunden. Eine Haltung der Tiere ist nur in sehr großen Aquarien möglich, die nicht allzu warm (15 bis 18 °C) stehen sollten. Die Fortpflanzung der Tiere ist recht interessant. Nach einem Paarungsspiel, wie es von nordamerikanischen Riesensalamandern bekannt ist, legt das Weibchen die Eier in Strängen ab. Das Männchen ergießt seinen Samen darüber, so daß die Befruchtung im freien Wasser erfolgt. Erst nach 2 bis 3 Monaten schlüpfen die Jungtiere. Das Männchen betreibt bis dahin Brutpflege. Nach 5 bis 6 Jahren werden die Jungtiere geschlechtsreif. Die Vertreter der Winkelzahnmolche (Hynobiidae) zählen bekanntlich zu den ursprünglichsten Schwanzlurchen. Es sind mit einer Länge von 10 bis 16 cm mittelgroße Molche, die an der Hinterextremität meist nur 4 Zehen tragen. Für die ganze Familie typisch ist die äußere Befruchtung der meist in zwei spiralig gewundenen Laichsäcken abgelegten Eier.

Zur Gattung *Hynobius* der Winkelzahnmolche zählen 18 Arten, die eine meist versteckte Lebensweise führen. Zur Fortpflanzungszeit suchen alle langsam fließende Gewässer auf. Die Weibchen befestigen die Laichsäcke an Steinen in Flachwasserregionen. Der wohl bekannteste Vertreter der Familie ist der Sibirische Winkelzahnmolch *(Hynobius [Salamandrella] keyserlingii).* In den Sumpfgebieten seiner Heimat führt er eine versteckte, meist nächtliche Lebensweise und ist das Jahr über in unmittelbarer Nähe seiner Laichgewässer versteckt unter Moos, Steinen und Rinden zu finden. Die bis 14 cm langen Molche sind durch eine bronzeschimmernde Linie an den Körperflanken kenntlich.

Das Männchen zeigt zur Paarungszeit (März bis April, gelegentlich September) eine vergrößerte gefurchte Kloakenwulst. Bei laichreifen Weibchen schimmern die Eisäcke deutlich durch die Bauchdecke durch.

Die Haltung erfolgt in Flachterrarien mit einem Landteil aus Rinden, Steinen, Kork o. ä. und einem Wasserteil mit robusten Kaltwasserpflanzen.

Nach kühler Überwinterung (2 bis 6 °C) setzt im Terrarium im Frühjahr bereits bei Wassertemperaturen von 8 bis 10 °C die Paarung ein. Die Männchen schwimmen suchend hin und her. Dabei finden sie mit Hilfe ihres Geruchssinnes die Weibchen und folgen diesen, oder sie finden gleich die vom Weibchen abgelegten Laichsäcke. Indem die Männchen die weißlichen Eisäcke zwischen ihren

Vorderbeinen hindurch nach hinten schieben und dabei die Kloake aufpressen, werden durch das abgegebene Sperma die Eier befruchtet. Die Bewegung der Hinterbeine unterstützt die Verteilung des Spermas. Die Eizahlen schwanken beträchtlich (35 bis 130) und sind wahrscheinlich wesentlich vom Alter und vom allgemeinen körperlichen Zustand des Weibchens abhängig. In Terrarien wurden die Molche bisher bis maximal 17 Jahre gehalten und vereinzelt auch nachgezogen. Unbefruchtete Eisäcke verpilzen erst nach 4 bis 6 Wochen. Bei Temperaturen von 18 °C schlüpfen nach 3 Wochen die 10 mm langen Larven. Sie fressen anfangs kleinste Wassertiere und wachsen langsam auf eine Länge von 40 bis 55 mm heran, bis sie nach einem Jahr zur Umwandlung kommen. In dieser Phase müssen sie in ein Aquaterrarium umgesetzt werden. Die Fütterung kann im Wasser oder auf dem Landteil erfolgen.

Weitere Vertreter der Gattung *Hynobius*, deren Vermehrung unter Terrarienbedingungen gelungen ist, sind einige in Japan beheimatete Arten. Der Nebel-Winkelzahnmolch *(Hynobius nebulosus)* lebt in Laubwaldgebieten und sucht zur Fortpflanzungszeit kleinere Tümpel auf. Von dieser Art sind unter Terrarienbedingungen Laichsäcke von 280 mm Länge und einem Durchmesser von 40 mm bekannt, die in den Monaten Februar bis April abgelegt wurden. Sie enthielten 34 bis 127 Eier. Nach 9 Monaten setzt bei einer Länge von 60 mm die Metamorphose ein. Die Tiere werden bereits nach 2 Jahren geschlechtsreif.

Der Flechten-Winkelzahnmolch *(Hynobius lichenatus)* aus den Bergwaldregionen Nordjapans benötigt für eine erfolgreiche Vermehrung im Jahresgang Temperaturen von 4 bis 20 °C. Das Männchen leistet »Geburtshilfe«, indem es den aus der Kloake des Weibchens heraustretenden Eisack mit den Vorderbeinen erfaßt und gleich besamt.

Die längste Art der Gattung, *Hynobius retardus*, lebt in Niederungen der Insel Hokkaido und wird bis zu 19 cm lang. Die im Frühjahr in seichte Tümpel abgelegten Larven haben beim Schlupf eine Länge von 13 mm und wachsen in etwa 4 Monaten auf 60 bis 85 mm Länge heran, bis im Herbst die Metamorphose einsetzt. Von dieser Art sind Dauerlarven bekannt.

Äußerst selten werden im Terrarium die mit der Gattung *Hynobius* eng verwandten Krallenmolche *(Onychodactylus)* und Froschzahnmolche *(Ranodon)* gehalten. Aus dem Fernen Osten der So-

Japanischer Riesensalamander *(Andrias japonicus)*

wjetunion über Nordwestchina bis nach Korea ist der streng geschützte Ussurische Krallenmolch, *Onychodactylus fischeri,* bekannt. Diese Art lebt in kühlen Gebirgswäldern mit starker Krautschicht. Vom Japanischen Krallenmolch *(Onychodactylus japonicus)* ist bekannt, daß das Weibchen Ende Mai bis Anfang Juni 16 bis 20 Eier in Form paariger Eisäcke ablegt.

Die Gattung *Ranodon* ist mit 2 Arten auf kleine Areale Mittelasiens und Nordwestchinas beschränkt. Der Sibirische Froschzahnmolch *(Ranodon sibiricus)* wird etwa 20 cm lang und wirkt trotz des langen Schwanzes sehr massig. Froschzahnmolche sind Hochgebietsbewohner in der Nähe kleiner Tümpel und Bäche. Sie müssen in größeren flachen Terrarien bei Temperaturen zwischen 4 und 20 °C gehalten werden. Ihr Hauptaufenthaltsort sind feuchte Verstecke unter Moos, Rinde und Wurzeln. Die Hauptnahrung sind Spinnen, Würmer und Insekten.

Nach langen Paarungsvorspielen klebt das Männchen unterseits an Steinen und Rinde seine Spermatophoren an. Danach setzt das Weibchen, indem es die Kloakenöffnung seitlich nach oben dreht, seine paarigen Eipakete auf die Spermatophoren. Nach 2 bis 3 Tagen quellen die Eipakete stark auf. Sie enthalten vier Reihen eng aneinanderliegender Eier. Innerhalb dieser Gallertmasse wachsen bis zu 80 Embryonen heran. Auch Gruppenlaichplätze mit bis zu sieben Eipaketen sind gefunden worden, die bis 38 cm lang werden können. Beim Aufbrechen der Gallertblasen gelangen die 18 bis 21 mm langen Larven ins Freie und gleiten ins Wasser. Hier wachsen sie in den folgenden Monaten heran und gehen nach der Metamorphose an Land. Die Geschlechtsreife tritt nach 3 bis 5 Jahren ein.

Ebenso kompliziert ist die Haltung der bis 20 cm langen Gebirgsmolche *(Batrachuperus karlschmidti)* aus Zentralchina. Die Temperaturen der Aquaterrarien sollten 16 bis 18 °C im Sommer nicht überschreiten. Das trifft auch für Boulengers Winkelzahnmolch *(Pachypalaminus boulengeri)* zu, der aus der Bergbachregion der japanischen Inseln Schikoko und Kiuschu bekannt ist. Beide Arten jagen dort in den Nachtstunden nach schnell beweglicher Beute.

Die Familie der Salamander (Salamandridae) ist mit der Gat-

Chinesischer Tüpfelmolch *(Cynops cyanurus)*, geschlechtsreifes Männchen

tung *Triturus* in Asien nur mit einer Art, dem Bandmolch *(Triturus vittatus)* (s. Abb. S. 17) vertreten. Diese Art bildet verschiedene Rassen aus und ist vom Kaukasus und der südlichen Schwarzmeerküste bis Nordisrael verbreitet. Der Bandmolch lebt in Ebenen und geht in Gebirgen bis etwa 300 m hoch. Im Frühjahr werden dichtbewachsene Tümpel, Teiche und Weiher aufgesucht. Den Rest des Jahres verbringen die Tiere an Land unter Rinden, Steinen, in Erdlöchern oder Baumstubben. Eine kühle, frostfreie Überwinterung ist wichtig. Die unscheinbar braun gefärbten Bandmolche bilden zur Paarungszeit farblich attraktive Hautsäume aus.

Das Männchen wird nur bis 16 cm lang. Der Rückensaum ist höher als der Körper und schwarzbraun/gelb senkrecht gestreift. Die Weibchen sind bis 19 cm lang. Ihre Grundfarbe ist heller, die Flankenfleckung bleibt kleiner.

Die Haltung erfolgt im Frühjahr in mittelgroßen Aquarien mit einem Bodengrund aus grobem Kies, dichter Bepflanzung und Temperaturen zwischen 18 und 22 °C. Im Sommer richtet man dann ein flaches Terrarium mit Eichenmulm, Moos und Rinde ein. Auch eine ganzjährige Haltung im Aquaterrarium ist möglich. Zur Fütterung eignen sich Regenwürmer, Tubifex, Wasserflöhe, aber auch Fleischstreifen werden von der Pinzette genommen.

Zur Kontaktaufnahme stößt das Männchen dem Weibchen mit dem Kopf in die Körperflanken- und Genitalregion. Dabei werden der Partnerin durch Vibrieren der seitlich abgebogenen Schwanzspitze Duftstoffe zugewedelt. Dieses »Wedeln« kann sich periodisch über mehrere Stunden verteilt wiederholen. Dazwischen führt das Männchen nickende Kopfbewegungen aus. Es setzt vor dem Weibchen schließlich eine Spermatophore ab, die dieses mit der Kloake ertastet und aufnimmt. Ein Weibchen kann sich mit mehreren Partnern paaren, so daß es stets Spermatophoren mehrerer Männchen empfängt. Nach 2 bis 3 Wochen legen die Weibchen bis zu 400 Eier einzeln an Wasserpflanzen ab. Zur Aufzucht der Jungmolche ist es am besten, die mit Eiern besetzten, oftmals eingerollten Wasserpflanzen in ein separates Aquarium zu überführen. Nach 12 Tagen schlüpfen bei 20 °C die Larven. Sie sind 10 bis 12 mm lang und wachsen in den nächsten 9 bis 10 Wochen auf eine Länge von 55 bis 65 mm heran und wandeln sich um. Die Jungmolche werden in ein Tradescantia-Glas überführt.

Die Gattung *Cynops* ist in der Lebensweise und im Verhalten unseren einheimischen Molchen der Gattung *Triturus* vergleichbar.

Der Japanische Feuerbauchmolch *(Cynops pyrrhogaster)* wird nur 12 cm lang, ist aber mit seiner orangerot bis tiefrot gefärbten Unterseite ein attraktives, ja seit Jahrzehnten schon fast ein Standard-Terrarientier. Diese auf den Japanischen Inseln verbreitete Art bewohnt alle stehenden Gewässer in der Ebene und im Gebirge. Sie hält sich im Aquarium und Aquaterrarium bei Temperaturen um 20 °C recht gut, kurzzeitig werden auch einmal Temperaturen bis zu 24 °C vertragen. Die Paarungsspiele ähneln denen der Gattung *Triturus* sehr. Das Weibchen sucht zur Eiablage Wasserpflanzen und legt die Eier einzeln in Pflanzenteile. Nach Wochen schlüpfen millimetergroße Larven, die schnell heranwachsen. Je nach Größe der Molchlarven eignen sich Wasserflöhe, Tubifex, Mückenlarven, Regenwürmer und Insekten als Futter. Die Feuerbauchmolche lassen sich das ganze Jahr über im Aquarium halten. Sie benötigen zur Fortpflanzungsstimulation eine Winterruhe bei Wassertemperaturen von 8 bis 12 °C.

Der Schwertschwanzmolch *(Cynops ensicauda)* ist mit 16 cm die längste Art der Gattung. Seine Oberseite ist dunkelbraun bis schwarz, die Flanken sind oftmals gelblich längs gestreift. Die Art ist auf der Riukiu-Inselgruppe beheimatet und bildet auf den verschiedenen Inseln Unterarten aus. Typisch für alle ist der ovale Schwanzquerschnitt. Die Haut erscheint körnig. Schwertschwanzmolche bewohnen in ihrer Heimat stehende Gewässer und Sümpfe. Sie vertragen die für Molche recht hohen Temperaturen von 22 bis 25 °C gut und eignen sich somit als Bewohner wärmerer Aquaterrarien. Die optimalen Temperaturen zur Überwinterung liegen zwischen 15 und 18 °C. Im Paarungsspiel unterscheiden sich die Unterarten kaum. In der Regel drückt das Männchen das Weibchen auf den Bodengrund und wedelt es dabei seitlich an. Nach der Aufnahme der Spermatophore erfolgt die Eiablage einzeln an Wasserpflanzen.

Je nach Größe der Larven und adulten Tiere eignen sich zur Ernährung alle für Molche bekannten Futtertiere.

Seit einigen Jahren ist der Türkische Bergbachmolch *(Neurergus strauchii)* ein begehrter und beliebter Pflegling in den Aquaterrarien der Molchpfleger.

Seine äußere Erscheinung ist sehr ansprechend. Die bis 19 cm langen Tiere erscheinen zierlicher als unsere einheimischen Salamander. Die Rückenseite des tiefschwarzen Körpers wird von vielen runden gelben Flecken aufgelockert. Die Bauchmitte ist orange

Burma-Krokodilmolch *(Tylototriton verrucosus)*

bis rot gezeichnet. Brünftige Männchen besitzen darüber hinaus an den Seiten zusätzlich blausilbrig leuchtende Flecken. Die Kloake ist in dieser Zeit bei ihnen deutlich angeschwollen.

Die im Iran und in der Osttürkei verbreiteten Molche bewohnen die Hochgebirgsregion zwischen 1 000 und 1 750 m. Ihr Sommerlebensraum sind dort seichte Stellen kleiner Gebirgsbäche und Tümpel. Die Temperaturen betragen im Sommer 10 bis 15 °C. Winterquartiere sind frostfreie Felsspalten und Geröllhaufen.

Für die Terrarienhaltung eignen sich mittelgroße Aquaterrarien mit einer Grundfläche von mindestens 60 × 30 cm. Der Bodengrund besteht aus grobem Kies, Steinen und Rindenstücken, die eine kleine Insel für gelegentlichen Landaufenthalt bilden. Die Vorzugstemperatur der Molche liegt zwischen 12 und 18 °C, kurzzeitig werden auch Temperaturen von 22 bis 24 °C im Sommer vertragen. Als Futter eignen sich Regenwürmer, Nacktschnecken, Wasserflöhe und Tubifex. Eine Überwinterung an Land bei Temperaturen von 2 bis 6 °C stimuliert die Paarungsbereitschaft. Etwa 30 bis 70 befruchtete Eier werden vom Weibchen an die Unterseite von flach im Wasser liegenden Steinen abgelegt. Aus denen schlüpfen nach 20 Tagen die Larven. Bei einer Körperlänge von 50 bis 60 mm setzt die Umwandlung ein und mit beginnender Schwarzgelb-Fleckung gehen die Jungmolche nach Rückbildung der äußeren Kiemen an Land.

Krokodilmolche (Gattung *Tylototriton)* zählen mit einer Länge von 14 bis 20 cm zu den mittelgroßen Schwanzlurcharten und haben eine rauhe, warzige Haut. Die Rippenspitzen sind seitlich hochgebogen und enden in den Warzenreihen an der Körperflanke. Hautsäume fehlen den Tieren zur Fortpflanzungszeit. Die Paarung erfolgt unter engem körperlichen Kontakt.

Der Burma-Krokodilmolch *(Tylototriton verrucosus)* ist von Südchina bis Burma und Thailand verbreitet. Er lebt tagsüber versteckt unter Laub, Wurzeln und Steinen in Bergwaldregionen. Zur Fortpflanzung werden nahegelegene seichte, ruhig stehende Gewässer aufgesucht. Die Grundfärbung der Tiere variiert von graubraun bis schwarz, Rückenmitte, Warzenreihen, Kopf und Extremitäten sind orangegelb wie die Unterseite gefärbt.

Als sekundäre Geschlechtsmerkmale haben die Männchen große Parotoidenwülste, einen längeren Schwanz und eine zur Paarung

Chinesischer Warzenmolch *(Paramesotriton chinensis)*

graublau schimmernde Haut. Die Haltung erfolgt im Terrarium mit flachem, 8 bis 12 cm hohem Wasserstand und einem Landteil aus Steinen und Rinden, der gut zugänglich ist. Temperaturen von 20 bis 26 °C sind optimal. Die Paarung wird durch Zunahme der Tageslänge und einen Temperaturanstieg auf 22 bis 26 °C stimuliert. Zur Ernährung eignen sich Regenwürmer, Nacktschnecken, Tubifex, Wachsmottenlarven, Mehlkäferlarven und Fleischstreifchen.

Die Paarung erfolgt im Wasser. Das Männchen schwimmt dabei unter das Weibchen und versucht, mit den Vorderbeinen seine Partnerin fest zu umklammern. Ist das Weibchen paarungsbereit, wird die Klammerung gelockert, so daß die Spermatophore aufgenommen werden kann. Der Laich wird einige Zeit später einzeln oder in Klumpen (insgesamt etwa 200 Eier, im Freiland bis etwa 400 Stück) an Wasserpflanzen abgelegt. Der Eidurchmesser beträgt 7 mm. Die Elterntiere gehen danach wieder an Land. Nach 2 Wochen schlüpfen bei 24 °C die 12 bis 14 mm langen Junglarven, die durch breite Hautsäume an Rücken und Schwanz und wenig Pigmentierung am Körper auffallen. Nach etwa 3 Monaten haben sie eine Länge von 65 bis 70 mm und wandeln sich um. Die 50 mm langen Jungmolche haben das gleiche Farbkleid wie die Elterntiere und leben 2 Jahre an Land, bevor sie zur Fortpflanzungszeit im 3. Jahr das Wasser wieder aufsuchen.

Der Japanische Krokodilmolch *(Tylototriton andersoni)* beginnt bereits im März bei Temperaturen von 16 bis 18 °C mit der Fortpflanzung. *Tylototriton asperrimus*, mit einer Länge von 13 cm eine kleine Art aus Südost-China (Berglandbewohner) muß ebenfalls kühl überwintert werden und beginnt im zeitigen Frühjahr mit der Eiablage. Teilweise überwintern auch Larven, die erst im 2. Jahr zur Umwandlung kommen.

Die Gattung *Pachytriton* enthält Gebirgsbachbewohner aus Ostasien. Der Chinesische Kurzfußmolch *(Pachytriton brevipes)* wird bis 18 cm lang und muß in einem kühl stehenden, flachen Aquaterrarium gehalten werden.

Ebenso dürfen beim Chinesischen Warzenmolch *(Paramesotriton chinensis)* die Temperaturen 20 °C im Sommer nicht überschreiten. Der Nordvietnamesische Warzenmolch *(Paramesotriton deloustali)* wird immerhin bis 20 cm lang und ist durch seine ziegelrote Unterseite ein attraktives Terrarientier. Der Hongkong-Molch *(Paramesotriton hongkongensis)* verträgt als Bewohner der Ebenen und Randgebiete im Terrarium zeitweise Temperaturen bis 24 °C.

Tabelle 2:
Übersicht über die Entwicklung einiger Schwanzlurchgattungen

Gattung	Embryonalzeit (Tage)	Länge beim Schlupf (mm)	Eintritt Geschlechtsreife (Jahre)	Gesamtlänge (cm)	Lebenserwartung (Jahre)
Amphiuma	150	–	5–7	75–116	–
Aneides	85–110	22–30	2–3	14– 19	20
Andrias	60– 90	30	5	100–140	50–62
Taricha	50– 60	–	5	20	–
Paramesotriton	30– 40	10	3	16	–
Eurycea	28– 50	13–19	3	12– 20	–
Desmognathus	30– 60	14	3–4	6– 11	–
Hynobius	22	10	2	10– 18	10
Cynops	14– 20	10	3	16	–
Triturus	12– 20	8–10	2–3	11– 18	8–15
Notophthalmus	20– 50	8	2–3	10	–
Ambystoma	14– 30	11–19	2 (3)	13– 25	18

Artenschutz

Experten und Laien sind sich darin einig, daß nur durch einen konsequenten Biotop- und Artenschutz die Existenz vieler Amphibienarten gesichert werden kann. Diese Bestrebungen können nur erfolgreich sein, wenn kontinuierlich die Ursachen des Arten- und Individuenschwundes erforscht werden. Dazu gehört auch, daß ein Teil der Tiere in Vivarien gehalten und beobachtet wird. Die Kenntnis der Fortpflanzung der Amphibien, beispielsweise die Entwicklung der Eier und Larven, ist eine Voraussetzung, wenn Arten umgesiedelt oder neugeschaffene Lebensräume mit Amphibien besetzt werden sollen.

Beiden Aspekten wird das Aufstellen von Roten Listen in vielen Ländern gerecht, die auf der Basis des Internationalen Rotbuches der IUCN (International Union for the Conservation of Nature and Natural Ressources) aufgestellt werden. Des weiteren existieren internationale Vereinbarungen über das Verbot oder die Kontrolle des Handels mit bedrohten Tierarten. Bedeutungsvoll ist dabei die »Washingtoner Konvention« von 1973 über den Handel mit freilebenden Tieren und die Vereinbarung europäischer Staaten, »Berner Konvention« von 1979, die formell die meisten europäischen Amphibien und Reptilien schützt.

Rote Liste der bedrohten Tiere – IUCN –

In dieser internationalen Auflistung existenzbedrohter Tierarten werden folgende Kategorien unterschieden:

I »Ausgestorben« – Arten oder Unterarten, die in den letzten 50 Jahren in freier Wildbahn nicht mehr beobachtet werden konnten.

II »Gefährdet« – Arten oder Unterarten, deren Überleben unwahrscheinlich ist, wenn die sie bedrohenden Faktoren weiter wirken können.

III »Anfällig« – Arten oder Unterarten, die in naher Zukunft in die Kategorie II eingestuft werden müssen, falls sich die sie bedrohenden Faktoren nicht ändern.

IV »Selten« – Arten oder Unterarten, die nur in kleinen Populationen vorkommen, noch nicht unmittelbar bedroht sind, deren Risiko aber in ihrem kleinen Verbreitungsgebiet liegt.

V »Unbestimmt« – Arten oder Unterarten, die in die Kategorien II, III oder IV gehören, über die jedoch zu wenig Informationen vorliegen, um eine Einstufung vornehmen zu können.

VI »Unsicher« – Arten oder Unterarten, deren Status aufgrund ungenügender Kenntnisse nicht festzulegen ist.

Folgende Schwanzlurcharten wurden in die Rote Liste der IUCN (Stand 1987) aufgenommen (hinter dem Namen ist jeweils die Gefährdungskategorie und die Verbreitung angegeben):
Familie Cryptobranchidae (Riesensalamander)
Andrias davidianus (Chinesischer Riesensalamander, V, China)
Andrias japonicus (Japanischer Riesensalamander, IV, Japan)
Familie Ambystomatidae (Querzahnmolche)
Ambystoma californiense (Kalifornischer Tigersalamander, III, USA)
Ambystoma dumerilii (Patzcuarosee-Salamander, IV, Mexiko)

Ambystoma lermaensis (Lermasee-Salamander, IV, Mexiko)

Ambystoma macrodactylus croceum (Santa Cruz-Langzehensalamander, II, USA)

Ambystoma mexicanum (Axolotl, IV, Mexiko)

Familie Salamandridae (Salamander)

Chioglossa lusitanica (Goldstreifensalamander, III, Portugal, Spanien)

Familie Plethodontidae (Lungenlose Salamander)

Batrachoseps aridus (Wüsten-Wurmsalamander, II, USA)

Batrachoseps simatus (Kern Canyon-Schlanksalamander, IV, USA)

Batrachoseps stebbinsi (Tehachapi-Salamander, IV, USA)

Burycea nana (Zwergsalamander, IV, USA)

Hydromantes brunus (Limestone-Salamander, IV, USA)

Hydromantes shastae (Shasta-Salamander, IV, USA)

Phaeognathus hubrichti (Red Hills-Salamander, IV, USA)

Plethodon larselli (Larch Mountain-Salamander, V, USA)

Plethodon neomexicanus (Neu-Mexiko-Salamander, III, USA)

Plethodon richmondi nettingi (Texas-Bergsalamander, VI, USA)

Typhlomolge rathbuni (Texas-Blindsalamander, II, USA)

Typhlotriton spelaeus (Grottensalamander, VI, USA)

Familie Proteidae (Olme)

Proteus anguinus (Grottenolm, III, Italien, Jugoslawien)

Mit dem Inkrafttreten der Bundesartenschutzverordnung von 1987 gelten nationale Schutz-, Ein- und Ausfuhrregelungen, die sich auch auf den Tierhandel in der Europäischen Gemeinschaft beziehen. Diese ebenfalls auf dem Washingtoner Artenschutzabkommen basierenden Regelungen erfordern von Tierhaltern eine Anmeldung bei der zuständigen Behörde, so daß sich der Besitz glaubhaft nachweisen läßt. Eine Weitergabegenehmigung ist danach erforderlich (bezieht sich auch auf Nachzuchttiere). Der Fang und die Haltung einheimischer Amphibien und Reptilien ist seit 1980 untersagt.

In ähnlicher Form sind in vielen Ländern die Amphibien geschützt, so daß man sich bei Reisen und Exkursionen vorher kundig machen sollte, um den teilweise recht hohen Ordnungsstrafen zu entgehen oder gegebenenfalls Ausfuhrgenehmigungen vorher zu beantragen.

Übersicht

Bei der Formenvielfalt der Molche und Salamander ist es natürlich nur möglich, eine zahlenmäßig begrenzte Auswahl an Arten hier vorzustellen. Dabei stehen einheimische und schon in den Anfängen der Lurchterraristik gehaltene sowie familientypische Arten im Vordergrund, so daß sich der Interessent schnell einen Überblick verschaffen kann und auch Hinweise zur Pflege ähnlicher Vertreter einer Familie oder Gattung erhält.

Art	Länge cm	Beschreibung	Geographische Verbreitung	Biotop
Cryptobranchidae				
Andrias davidianus Chinesischer Riesensalamander	180	O dunkelgrau gefleckt, U hellgrau, Körper abgeflacht, wuchtig, plump	Ostchina	Fließgewässer in Ebenen und im Bergland
Cryptobranchus alleganiensis Schlammteufel	75	grau bis graubraun, O gelbbraune und schwärzliche Fleckung	Osten von Nordamerika	Fließgewässer
Hynobiidae				
Hynobius keyserlingii Sibirischer Winkelzahnmolch	12	braunoliv, Seiten schwarz marmoriert, O mit dunklen Streifen, U weißlich	vom Ural bis Ostsibirien	Uferwiesen, Sümpfe in der Nähe der Laichgewässer
Hynobius nebulosus Nebel-Winkelzahnmolch	13	O gelbbraun, dunkelgefleckt, U grau bis violett	Japanische Inseln (Südteil)	stehende Gewässer und deren Umgebung

Erläuterungen zum Gebrauch der Tabelle:
Die Gesamtlänge eines Schwanzlurches setzt sich aus Kopf-, Rumpf- und Schwanzlänge zusammen. Es werden nur wesentliche und typische Merkmale der einzelnen Molch- bzw. Salamanderarten genannt, eine genauere Bestimmung muß mit den Bestimmungsschlüsseln der angegebenen Literatur erfolgen.

Die geographische Verbreitung bezieht sich auf die jeweiligen Hauptverbreitungsgebiete der einzelnen Arten.

Die Temperaturangaben und Futterbeispiele sind Empfehlungen, die Variationsmöglichkeiten nicht ausschließen.

Verwendete Abkürzungen: ♀ Weibchen, ♂ Männchen; O – Oberseite, U – Unterseite, R – Rücken, S – Schwanz

Terrarium	Temperatur °C	Futter	Bemerkungen
große Aquarien	15 bis 18	Regenwürmer, Fische, nackte Mäuse und Säugetierfleisch, in Streifen geschnitten	zur Anregung der Eiablage sind Temperaturen von 12 bis 15 °C günstig
große Aquarien	15 bis 18	Regenwürmer, Fische, Säugetierfleisch	vorübergehend werden Temperaturen von 15 bis 20 °C vertragen, Tiere sind erst nach sechs Jahren geschlechtsreif
feuchtes Waldterrarium oder Aquaterrarium	18	Regenwürmer, Nacktschnecken, Insekten	kühle Überwinterung bei 3 bis 5 °C
Aquaterrarium	bis 20	Regenwürmer, Nachtschnecken, Asseln, Wasserflöhe	Winterruhe bei 6 °C, Eiklumpen werden unter der Wasseroberfläche angeheftet

Art	Länge cm	Beschreibung	Geographische Verbreitung	Biotop
Ambystomatidae				
Ambystoma maculatum Gefleckter Querzahnmolch	21	O grauschwarz mit gelblichen Flecken, U grau, Körper gedrungen	östliches Nordamerika	in Wassernähe, unter Laub, Holz und Steinen
Ambystoma opacum Marmor-Querzahnmolch	13	O schwarz mit leuchtendweißen ovalen Flecken, mehr grau	östliches Nordamerika	in Gewässernähe, auch in trockenen Regionen
Ambystoma tigrinum Tiger-Querzahnsalamander	28 (33)	O helloliv bis dunkel, hell-dunkel marmoriert	Nordamerika (außer Westküste)	unter Gestein, Holz, Laub in Gewässernähe
Siredon mexicanum Axolotl	29	O dunkelbraun bis schwarz, dunkle Flecken R mit Hautsaum	See von Xochimilco (Mexiko)	verlandende Seen
Plethodontidae				
Aneides lugubris Alligatorensalamander	15	O braun bis schwarz mit unregelmäßigen gelben Flecken, U weiß	Küstenregion Kaliforniens	Waldgebiete, in Baumhöhlen
Aneides aeneus Erzsalamander	14	O dunkelgrau mit hellgrünen Flecken, schlank	Appalachengebirge Nordamerikas	Felsspalten, unter Steinen
Desmognathus fuscus Brauner Bachsalamander	12	O braungrau mit dunklen Flecken, U dunkelgefleckt	östliches Nordamerika bis Florida	in Uferregionen von Bächen und Flüssen

Terrarium	Tem- peratur °C	Futter	Bemerkungen
Wald- terrarium	bis 21	Enchyträen, Regen- würmer, Asseln, Spinnen	zur Fortpflanzung Aquaterrarium, Überwinterung nicht unter 10 °C
Wald- terrarium (tiefer Bodengrund)	18 bis 22	Enchyträen, Regenwürmer, Nacktschnecken, Insekten	Überwinterung nicht unter 10 °C, stehende Nässe im Bodengrund vermeiden! (Eichenmulm)
Wald- terrarium (Aquarium)	18 bis 20	Regenwürmer, Nacktschnecken, Asseln	bei einigen Rassen herrscht Neotenie vor
Aquarium	20 bis 24	Regenwürmer, Fische, Wasser- flöhe, Säuge- tierfleisch	Neotenie ist die Regel, Albinismus häufig
Wald- terrarium	16 bis 20	Regenwürmer, Nacktschnecken, Asseln, Spinnen	Winterruhe nicht unter 15 °C, hoher Bodengrund (Eichenlaub) günstig
Land- terrarium	16 bis 20	Regenwürmer, Enchyträen, Asseln	Winterruhe bei 2 bis 6 °C günstig
Aqua- terrarium	bis 22	Nacktschnecken, Enchyträen, Rau- pen, Fliegen	Überwinterung bei 2 bis 6 °C, ♀ betreibt Brut- pflege

Art	Länge cm	Beschreibung	Geographische Verbreitung	Biotop
Desmognathus ochrophaeus Alleghany-Salamander	11	O rötlich (juv.), sonst rotbraun mit dunklen Flecken	östliches Nordamerika	Bergland mit Wald und Felsen, unter Laub
Plethodon cinereus Rotrücken-Waldsalamander	13	O rotbraun, gelbliche R-Linie, U hell gefleckt	Nordostteil Nordamerikas	Waldgebiete, unter Rinden und Laub
Plethodon glutinosus Silbersalamander	17 bis 21	O schwarz-silberweiß gefleckt	zentrales Nordamerika	Waldgebiete, unter Holz und Steinen
Batrachoseps attenuatus Kalifornischer Wurmsalamander	16	O ziegelrot bis gelbbraun, R-mitte mit Flecken, U weißlich punkt.	Westküste Nordamerikas	lichte Wälder, unter Holz und Steinen
Gyrinophilus porphyriticus Porphyrsalamander	22	O lachsrot bis bräunlich, dunkel-braune Flecken, weißliche Linie von den Augen bis zum S	Appalachen-gebirge Nordamerikas	Bergbäche und ufernahe Zonen
Pseudotriton ruber Rotsalamander	18	O rot mit unregelmäßi-gen schwarzen Flecken	Südosten Nordamerikas	Quellen, Bäche, Ufer-regionen
Pseudotriton montanus Schlammsalamander	21	O rötlich mit Flecken, deutliche Seitenfurchen	Südosten Nordamerikas	trübe, ver-schlammte Gewässer
Eurycea longicauda Langschwanz-salamander	21	O gelbbraun mit braunen Punkten, U hell	Ostteil der USA	Feucht-gebiete, Gewässer-ränder

Terrarium	Tem- peratur °C	Futter	Bemerkungen
Wald- terrarium	18 bis 22	Nacktschnecken, Maden, Enchyträen, Asseln, Raupen	Vermeidung von stehender Nässe im Bodengrund
Wald- terrarium	20	Asseln, Nackt- schnecken, Insekten aller Art	es gibt auch eine dunkelgraue Rasse ohne Rückenband!
Wald- terrarium	14 bis 18	Nacktschnecken, Regenwürmer, Asseln	morsche Baumstubben bieten günstige Lebens- bedingungen
Land- terrarium	20	Regenwürmer, Nacktschnecken, Spinnen, Asseln, Käfer	Überwinterung bei 10 °C
Aqua- terrarium	14 bis 16	Regenwürmer, Wasserflöhe, Enchyträen, Tubifex	bei Höhlenformen kommt es zur Neotenie
Aqua- terrarium	20	Regenwürmer, Asseln, Mückenlarven	bildet Rassen aus, die braun bis grau erscheinen
Aqua- terrarium	18	Regenwürmer, Asseln, Mücken- larven, Wasserflöhe, Tubifex	typisch ist der auffallend gedrungene Körperbau
Aqua- terrarium	20	Wasserinsekten und deren Larven, Regenwürmer	bildet viele Rassen aus

Art	Länge cm	Beschreibung	Geographische Verbreitung	Biotop
Eurycea bislineata Zweistreifen- Gelbsalamaner	12	O gelb mit dunklen Flecken, Rückenseiten mit dunklen Bändern	Ostküste Nordamerikas	Feuchtgebiete
Ensatina eschscholtzi Oregon-Salamander	14	O rotbraun mit hellen Flecken, Körper gedrungen mit Seitenfurchen	Westteil der USA	Waldgebiete, unter Laub, Steinen
Hydromantes italicus Italienischer Schleuderzungen- salamander	12	O rotbraun mit gelbroten Flecken, U dunkelgrau, weiß marmoriert	Nord- und Mittelitalien	feuchte Felsbiotope
Bolitoglossa adspersa Kordilleren- salamander	12	O schwarz mit hellerer Fleckung	Kolumbien	Gebirgsregionen, unter Moos, Steinen
Oedipina complex Maulwurf-Tropen- salamander	12	O braun bis schwarz, Rücken mit hellem Band	Panama, Kolumbien	Uferzone von Gewässern
Salamandridae *Salamandra salamandra* Feuersalamander	26	O schwarz mit gelblicher Fleckung, gedrungen	Zentraleuropa, Nordafrika, Kleinasien	Hügel und Bergland, Waldregionen
Chioglossa lusitanica Goldstreifen- salamander	15	O braunschwarz mit beiderseits gelborangefarbener Längsbinde	Portugal, Nordwestspanien	bewaldete Felslandschaften

Terrarium	Tem- peratur °C	Futter	Bemerkungen
Aqua- terrarium	18	Wasserflöhe, Regenwürmer, Enchyträen	Überwinterung bei 2 °C
Wald- terrarium	12 bis 15	Regenwürmer, Asseln, Spinnen	Terrariendeckel muß besonders dicht schließen
Land- terrarium	17	Asseln, Spinnen, Fliegen, Regen- würmer, Nackt- schnecken	lebt oft in Höhlen, empfindlich gegen Trockenheit und Wärme
Land- terrarium	18	Käfer, Asseln, Spinnen, Nacktschnecken, Regenwürmer	
Land- terrarium	bis 26	Asseln, Spinnen, Nacktschnecken, Regenwürmer	empfindlich gegen Trockenheit, tiefer Bodengrund vorteilhaft
Land- terrarium	bis 22	Regenwürmer, Nacktschnecken, Asseln, Spinnen, Fliegen	stauende Nässe unbedingt vermeiden!
Land- terrarium	18	Asseln, Spinnen, Fliegen	empfindlich gegen direktes Sonnenlicht

Art	Länge cm	Beschreibung	Geographische Verbreitung	Biotop
Mertensiella caucasica Kaukasussalamander	17	O braun, zwei Längsstreifen bzw. -reihen gelblicher Flecken, ♂ mit Höcker auf S	Transkaukasien	feuchte Bergwälder
Salamandrina terdigitata Brillensalamander	10	O rotbraun, Kopf-O brillenförmiger heller Fleck, U rot	westl. Teile der Apenninischen Halbinsel	feuchte Wälder
Cynops pyrrhogaster Japanischer Feuerbauchmolch	12	O braunschwarz, U orange bis tiefrot mit schwarzen und weißlichen Flecken	Japanische Inseln	Gewässer in Ebenen und Gebirgen
Pleurodeles waltl Spanischer Rippenmolch	30	O grau, oliv marmoriert, seitliche Rippenhöcker rötlich	Westteil der Iberischen Halbinsel, Nordafrika	Tümpel und Teiche
Tylototriton andersoni Japanischer Krokodilmolch	16	O schwarzbraun, Schwanzwurzel hellorange	Okinawa u. Riu-Kiu-Inseln	Bergwälder
Notophthalmus viridescens Grünlicher Wassermolch	10	O olivgrün, an den Flanken schwarzgerandete rote Tupfen	Osten Nordamerikas	stehende Gewässer
Euproctus asper Pyrenäen-Gebirgsmolch	16	O grau bis graugrün, gelber Streifen auf dem R	Nord- und Mittelpyrenäen	Gebirgsbäche, Uferregionen

Terrarium	Tem-peratur °C	Futter	Bemerkungen
Land-terrarium	18 bis 20	Asseln, Nackt-schnecken, Regen-würmer, Wachs-motten	Überwinterung bei 4 bis 6 °C
Wald-terrarium	14	Fliegen, Spinnen, Asseln, Nackt-schnecken	kühl überwintern, ♂ zeigt zur Paarungszeit Revierbildung
Aquarium	bis 22	Wasserflöhe, Mückenlarven, Tubifex, Regenwürmer	Winterruhe bei 10 °C, zeitweise auch Land-aufenthalt (Inseln)
Aquarium	22	Regenwürmer, Wasserflöhe, Tubifex, Säugetierfleisch	Überwinterung bei 8 °C
Wald-terrarium	18	Regenwürmer, Nacktschnecken, Insekten	
Aquarium	24	Regenwürmer, Wasserflöhe, Mückenlarven, Tubifex	Überwinterung bei 10 °C, bildet Rassen aus, Neotenie nicht selten
Aqua-terrarium	16 bis 18	Regenwürmer, Wasserflöhe, Asseln	liebt kühles, klares Wasser

Art	Länge cm	Beschreibung	Geo- graphische Verbreitung	Biotop
Triturus marmoratus Marmormolch	16	O grün marmoriert auf dunklem Grund, ge- streifter R-Kamm beim ♂	Iberische Halbinsel, West- frankreich	stehende Gewässer und Umgebung
Triturus vittatus Bandmolch	16	O grünlich (Landform), kupferfarben (Wasserform)	Kleinasien	Tümpel und deren Umgebung
Triturus vulgaris Teichmolch	11	O lehmgelb, ♂ hat dunkle Flecken	Europa	stehende Gewässer und deren Umgebung
Proteidae *Proteus anguineus* Grottenolm	26 bis 30	O weißl. bis hellgelb, rötl. äußere Kiemen, Hautsaum an R und S	jugoslawi- sches Karst- gebirge	Höhlen- gewässer
Necturus maculosus Gefleckter Furchenmolch	43	O grau bis rostbraun, dunkle Flecken, U grau, Haut- saum an R und S	Zentralteile Nord- amerikas	stehende und langsam fließende Gewässer
Amphiumidae *Amphiuma means* Zweizehen- Aalmolch	116	O braun, U grau, Kiemen- loch vor Vorder- beinen, Extr. klein	Florida	Sümpfe und Gräben
Sirenidae *Siren lacertina* Großer Armmolch	98	O oliv bis hellgrau, an Seiten grün- liche Punkte und Striche, U gelblich gefleckt	Osten der USA	Tiefland- gewässer (Gräben und Weiher)

Terrarium	Tem- peratur °C	Futter	Bemerkungen
Land- terrarium	20	Regenwürmer, Nacktschnecken, Enchyträen	sucht im Frühjahr zur Paarung und Eiablage Gewässer auf, Temp. hier 10 bis 15 °C
Land- terrarium	23	Regenwürmer, Spinnen, Asseln, Wasserflöhe	sucht im Frühjahr Gewässer auf, Tempe- raturen 12 bis 17 °C
Land- terrarium	22	Regenwürmer, Bachflohkrebse, Wasserasseln, Tubifex	sucht im Frühjahr Gewässer auf, Tempe- raturen 12 bis 17 °C
Aquarium	10	Regenwürmer, Fische, Wasser- insekten, Säuge- tierfleisch	Neotenie vorherrschend, nicht zu brechen, Fort- pflanzung im Frühjahr bei 12 °C
Aquarium	18	Regenwürmer, Wasserasseln, Fische, Säuge- tierfleisch	Neotenie vorherrschend, Überwinterung je nach Rasse bei 7 bis 16 °C
Aquarium	24	Regenwürmer, Muscheln, Krebse, Säugetierfleisch	Überwinterung bei 15 °C, Mund ist mit scharfen Zähnen besetzt
Aquarium	24	Mückenlarven, Wasserflöhe, Enchyträen, kleine Regenwürmer	dauerhafte Neotenie, Hinterbeine völlig zurückgebildet

Literatur

Im Rahmen dieses Überblickes kann nur allgemeine Fachliteratur erwähnt werden, aus der spezielle Arbeiten und Hinweise ersichtlich sind.

Amlacher, E.: Taschenbuch der Fischkrankheiten. Jena 1981

Arnold, E. N., und *Burton, J. A.:* Pareys Reptilien- und Amphibienführer Europas. Hamburg und Berlin 1979

Bassleer, G.: Bildatlas der Fischkrankheiten. Leipzig, Jena, Berlin 1983

Brünner, G.: Terrarienpflanzen – richtig gepflegt. Stuttgart 1981

Cochran, D. M.: Knaur's Tierreich in Farben. Amphibien. München und Zürich, 1961

Dathe, H.: Wirbeltiere I. Taschenbuch der Zoologie. Bd. 4. Jena 1975

Engelmann, W.-E., Fritzsche, J., Günther, R., Obst, F.-J.: Lurche und Kriechtiere Europas. Leipzig, Radebeul 1985

Freytag, G. E.: Der Teichmolch. Lutherstadt Wittenberg 1954

Freytag, G. E.: Feuersalamander und Alpensalamander. Lutherstadt Wittenberg 1955

Freytag, G. E.: Urania Tierreich (Fische – Lurche – Kriechtiere). Leipzig, Jena, Berlin 1991

Friedrich, U., Velland, W.: Futtertierzucht. Stuttgart 1981

Fritsche, J.: Das praktische Terrarienbuch. Leipzig, Radebeul 1981

Frommhold, E.: Wir bestimmen Lurche und Kriechtiere Mitteleuropas. Radebeul 1959

Geyer, H.: Praktische Futterkunde für den Aquarien- und Terrarienfreund. Stuttgart 1929 (und folgende Auflagen)

Glaesner, L.: Normentafel zur Entwicklungsgeschichte des Gemeinen Wassermolches (Molge vulgaris). Jena 1925

Große, E.-R.: Olme, Molche, Salamander. Leipzig, Radebeul 1983

Harding, K. A.: New world amphibians. Oxford, New York 1983

Idlge, D., Moeuwen, H. van: Grundlagen der Terrarienhaltung. Hannover 1979

Isenbügel, N., Frank, W.: Heimtierkrankheiten. Stuttgart 1985

Jocher, W.: Futter für Vivarientiere. Stuttgart 1975

Kleinsteuber, E., Fiedler, G.: Futter für Terrarientiere. Leipzig, Radebeul 1982

Klingelhöffer, W.: Terrarienkunde, 2. Teil: Lurche. Stuttgart 1956

Klewen, R.: Die Landsalamander Europas. Wittenberg 1987

Lanza, B.: Anfibi, Rettili. Firenze 1983

Mareus, L. C.: Amphibien und Reptilien im Heim, Labor und Zoo. Stuttgart 1981

Masurat, G., Große, W.-R.: Vermehrung von Terrarientieren – Lurche. Leipzig, Jena, Berlin 1991

Matz, G., Vanderhaege, N.: BLV-Terrarienführer. München, Wien, Zürich 1980

Nietzke, G.: Terrarientiere, Bd. 1 und 2. Stuttgart 1980

Nietzke, G.: Fortpflanzung und Zucht der Terrarientiere. Hannover 1984

Nöllert, A.: Die Amphibien Europas. Stuttgart 1992

Obst, F.-J., Richter, K., Jacob, U.: Lexikon der Terraristik und Herpetologie. Leipzig 1984

Oostreen, H.: Kleurrijke dagkikkers voor het Paludarium. Utrecht 1976

Parker, H. W., Bellairs, A.: Die Amphibien und die Reptilien. Lausanne 1972

Reichenbach-Klinke, H. H.: Krankheiten der Amphibien. Stuttgart 1961

Rimpp, K.: Salamander und Molche. Stuttgart 1976

Stettler, P. H.: Handbuch der Terrarienkunde. Stuttgart 1978

Thiesmeier, B.: Ökologie des Feuersalamanders. Essen 1992

Thorn, R.: Les salamandres d'Europaea, d'Asie et d'Afrique du Nord. Paris 1968

Trutnau, L.: Europäische Amphibien und Reptilien. Stuttgart 1975

Wahlert, G. von: Molche und Salamander. Stuttgart 1965

Wohner, W.: Kleine Terrarienkunde. Leipzig, Jena, Berlin 1966

Wyniger, R.: Insektenzucht. Stuttgart 1974

Zimmermann, H.: Das Züchten von Terrarientieren. Stuttgart 1983

Zimmermann, H.: Futtertiere von A–Z. Stuttgart 1982

Bildquellen

Collins (Okapia)   S. 65

Fiedler   Titelbild

Förster   S. 17, 24, 25, 69, 72 oben, 73 oben, 76 oben u. unten, 81, 85

Große   S. 53, 73 unten

Hansen   S. 52, 56, 57, 60 unten, 64 oben u. unten, 72 unten, 80, 84

McHugh (Okapia)   S. 60 oben, 61

Robiller   S. 68